# VRHUNSKA KNJIGA ZA PRAVLJENJE PITA I TARTOVA KOD KUĆE

100 UKLASNIH RECEPATA KOJI PUNE UZUSTA

Gabrijela Vlahović

## Sva prava pridržana.

**Odricanje**

Informacije sadržane u ovoj e-knjigi služe kao sveobuhvatna zbirka strategija o kojima je autor ove e-knjige istraživao. Sažetke, strategije, savjete i trikove preporučuje samo autor, a čitanje ove e-knjige ne jamči da će nečiji rezultati točno odražavati rezultate autora. Autor e-knjige uložio je sve razumne napore da pruži aktualne i točne informacije za čitatelje e-knjige. Autor i njegovi suradnici neće biti odgovorni za eventualne nenamjerne pogreške ili propuste. Materijal u e-knjigi može uključivati informacije trećih strana. Materijali trećih strana sadrže mišljenja koja su izrazili njihovi vlasnici. Kao takav, autor e-knjige ne preuzima odgovornost za materijale ili mišljenja trećih strana.

E-knjiga je zaštićena autorskim pravima © 2022 sa svim pridržanim pravima. Protuzakonito je redistribuirati, kopirati ili stvarati radove izvedene iz ove e-knjige u cijelosti ili djelomično. Nijedan dio ovog izvješća ne smije se reproducirati ili ponovno prenositi u bilo kojem obliku reproduciranja ili ponovnog prijenosa bez pisanog i potpisanog dopuštenja autora.

# SADRŽAJ

SADRŽAJ ..................................................................................................... 3
UVOD ......................................................................................................... 6
1. Marinirani tart od kozica, luka i rajčice ............................................ 7
2. Tart od pinjola ..................................................................................... 10
3. Torte od badema i marelice ............................................................... 12
4. Alzaški kolač od šljiva ........................................................................ 14
5. Tart od jabuka ..................................................................................... 16
6. Tarte tatin od jabuka i grožđica ........................................................ 19
7. Tart od jabuke i cimeta ...................................................................... 21
8. Jabuka brusnica okrenuti tart .......................................................... 23
9. Tart od jabuka i malina ...................................................................... 25
10. Tart s mlaćenicom od borovnice ..................................................... 28
11. Tart od miješanog voća .................................................................... 31
12. Blagdanske voćne torte .................................................................... 33
13. Rainbow voćni tart ........................................................................... 35
14. Vanilija krema voćni tart ................................................................. 38
15. Parisienne voćni tart ........................................................................ 40
16. Premier bijeli voćni tart .................................................................. 43
17. Alpski tart od krumpira ................................................................... 45
18. Tart od artičoka ................................................................................ 47
20. Torte od pečenog povrća .................................................................. 51
21. Brioche tart od pečenog povrća i kozjeg sira ................................ 53
22. Slani tart od povrća .......................................................................... 56
23. Tart s kremom od povrća ................................................................. 59
24. Koktel tortice od škampa ................................................................. 62
25. Tart od badema ................................................................................. 64
26. Meksički čokoladni tart sa začinjenim pekan orahom ................ 67
27. Frangipane tart sa sezonskim voćem ............................................. 70
28. Lisnate kore za pitu .......................................................................... 73
29. Tart od kozjeg sira i špinata ............................................................ 76
30. Zlatni tart od ananasa i sira ............................................................ 78
31. Torta od grožđa i ribiza sa sirom fontina ...................................... 81
32. Torta od guava sira ........................................................................... 84
33. Torte sa sirom sa začinskim biljem ................................................ 87
34. Mediteranski tart sa sirom .............................................................. 90
35. Neskupljajuća slatka ljuska kolača ................................................. 93
36. Školjke za tortu od sira .................................................................... 96
37. Kora od kukuruznog brašna ............................................................ 98
38. Slobodne ljuske za kolače ............................................................... 100
39. Čokoladna kora ................................................................................ 102

40. Graham kore .................................................................................... 104
8. Mini kolačići ..................................................................................... 106
41. Francuska slatka kora ................................................................... 109
42. Školjke torte od krem sira ............................................................. 112
43. Ljuske za tartlete od oraha ............................................................ 114
44. Phyllo tart školjke ......................................................................... 116
45. Torta od prhkog tijesta ................................................................... 118
46. Kora za kolač bez jaja .................................................................... 121
47. Torta od cjelovitog zrna pšenice ................................................... 124
48. Tartuf tart s espresso umakom ..................................................... 126
49. Tart od tamne čokolade s koricom od đumbira ............................ 129
50. Čokoladni brownie tart ................................................................. 132
51. Torte s čokoladnim maslacem ...................................................... 135
52. Mini tartovi od čokolade i kokosa ................................................. 137
53. Čokoladni lješnjak tart ................................................................... 139
54. Čokoladni mascarpone tart od oraha ........................................... 142
55. Čokoladni minijaturni kolačići ...................................................... 146
56. Čokoladni tartuf tart s malinama .................................................. 148
57. Linzer tart od brusnice i bijele čokolade ...................................... 151
58. Dupli čokoladni krem tart ............................................................. 154
59. Fudgy čokoladni tart ..................................................................... 157
60. Tart od svježeg voća i čokolade .................................................... 160
61. Pikantni čokoladni tart .................................................................. 163
62. Mousse tart od bijele čokolade od jagoda ................................... 165
63. Švedski čokoladni desert konungens tarts ................................... 168
64. Crème tart od bijele čokolade i banane ....................................... 171
65. Opaki kolač od tamne čokolade ................................................... 174
66. Alaska pogačice s plodovima mora .............................................. 177
67. Tart od rakova i pikantnog sira ..................................................... 180
68. Torta od jakobovih kapica i plavog sira ........................................ 182
69. Kremasti tart od dimljenog lososa i kopra ................................... 184
70. Norveški kolači od lososa ............................................................. 187
71. Sićušni kolačići od dimljenog lososa ............................................ 190
72. Svečane torte od škampa .............................................................. 192
73. Bakewell kolač ............................................................................... 194
74. Rešetkasti kolač od jabuka i oraha ................................................ 197
75. Torta od marelice i makadamije ................................................... 200
76. Krem tart od kupina i oraha .......................................................... 203
77. Tart od mrkve i oraha .................................................................... 207
78. Karamel-orah tart .......................................................................... 209
79. Torte s orašastim plodovima ........................................................ 212
80. Narančasti kolač od brazilskog oraha ........................................... 214
81. Alzaški kolač od sira ...................................................................... 217

82. AMARETTO TORTE OD SIRA .................................................................................. 219
83. BELGIJSKI KOLAČ OD SIRA .................................................................................. 221
84. TORTA OD PAPRIKE I SIRA ................................................................................... 223
85. TORTA OD SIRA ZA DORUČAK .............................................................................. 226
86. KREMASTI TART OD ČEŠNJAKA I SIRA .................................................................. 229
87. TART OD CURRYJA I AJVARA ................................................................................ 231
88. FRANCUSKI KOLAČ OD SIRA ................................................................................. 233
89. TORTE OD LIMUNA I SIRA .................................................................................... 236
90. PAPAYA-KREMA SIR TART S MAKADAMIJOM ........................................................ 238
91. TORTA OD RICOTTE SIRA I ŠPINATA ..................................................................... 241
92. SOUTHWEST SIR TART .......................................................................................... 244
93. TART OD EGZOTIČNIH GLJIVA .............................................................................. 246
94. LJUSKAVI KOLAČI S GLJIVAMA ............................................................................. 249
95. TART OD PATLIDŽANA I GLJIVA NA ŽARU ............................................................ 251
96. POGAČICE S GLJIVAMA ........................................................................................ 254
97. DIMLJENI TART OD GLJIVA ................................................................................... 257
98. TROSTRUKI TART OD GLJIVA ................................................................................ 260
99. TART OD ŠUMSKIH GLJIVA I KOZJEG SIRA ............................................................ 262
100. TART OD ŠUMSKIH GLJIVA I PECORINA .............................................................. 265

# ZAKLJUČAK .................................................................................................. 267

# UVOD

Općenito, torte su pečeni proizvodi koji se sastoje od podloge od tijesta i punjeni su nečim slatkim ili slanim.

Većina torti ovih dana je na slatkoj strani, kao što su torte s limunom beze i portugalske torte s jajima. Međutim, neke vrste slanih kolača poput quichea također se često nalaze u pekarnicama i kafićima.

Torta se općenito pravi tako da se svaka komponenta napravi zasebno, a zatim se sastavi. Prvi korak je obično stvaranje kore. Tu koru zatim filovati nadjevom po izboru, s tim da se neki nadjevi peku zajedno sa korom ili jednostavno ostave da se ohlade.

# 1. Tart od mariniranih kozica, luka i rajčice

Prinos: 1 porcija

## Sastojak
- 18 velikih kozica
- 10 zgnječenih režnjeva češnjaka
- 1 prstohvat šafrana
- 1 šalica maslinovog ulja
- 6 luka
- 1 konzerva pelata; (8 unca)
- 2 inćuna
- $\frac{1}{4}$ šalice Kalamata maslina
- 4 grančice timijana
- 1 list lisnatog tijesta
- 2 glave frize
- 6 grozdova Mache

## Upute
a) Dan prije pripreme ovog jela marinirajte škampe u mješavini 4 češnja protisnutog češnjaka, crnog papra, $\frac{1}{2}$ šalice maslinovog ulja i 1 prstohvata šafrana. Hladiti preko noći.
b) Za pripremu marmelade ogulite luk i prerežite ga na pola i tanko narežite.
c) U loncu na laganoj vatri na 2 žlice ulja izdinstajte luk dok ne bude proziran.
d) Rajčice ocijedite, očistite od sjemenki, nasjeckajte na sitno i dodajte luku.
e) Dodajte nasjeckane inćune, nasjeckane masline i majčinu dušicu, kuhajte 3 sata na vrlo laganoj vatri uz često miješanje.
f) U međuvremenu izrežite 6 krugova lisnatog tijesta promjera oko $3\frac{1}{2}$ inča.
g) Stavite na lim za pečenje pokrijte drugim limom i pecite u pećnici 6 minuta na 350 stupnjeva.

h) Frisee pripremite tako da odrežete zeleni dio salate, koristite samo bijeli dio. Frisee nasjeckajte i dobro operite, rezervirajte.
i) U velikoj tavi za pirjanje na srednje jakoj vatri zagrijte $\frac{1}{4}$ šalice maslina dok ne budu vruće i kuhajte škampe dok ne porumene i ne budu uvijeni.
j) Stavite marmeladu od rajčice na vrh svakog kruga torte i zagrijte u pećnici 5 minuta. Frisee začinite s malo maslinovog ulja, soli i papra. Izvadite tart iz pećnice i stavite na tanjur, prelijte frisee na vrh tarta i prekrijte ga škampima. Ukrasite listovima mache zelene salate.
k) Tart pokapajte maslinovim uljem i poslužite.

## 2. Tart od pinjola

Prinos: 4 porcije

**Sastojak**
- 1 list lisnatog tijesta
- 2 šalice pinjola
- 2 žlice meda
- 1 šalica šećera
- 3 jaja
- 3 žlice ekstra djevičanskog maslinovog ulja
- Korica od 1 limuna
- 2 žlice likera od oraha

**Upute**
a) Zagrijte pećnicu na 425 stupnjeva. Stavite tijesto čvrsto u ljusku, naborajte rubove dodatnim tijestom kako biste lakše zadržali rubove. Pokrijte tijesto papirom za pečenje, napunite suhim bijelim grahom i stavite peći.
b) Kuhajte 8 do 10 minuta, uklonite pergament i grah i kuhajte dok se ne osuši i postane svijetlo zlatno smeđe, još oko 8 do 10 minuta. Izvadite i ostavite da se ohladi.
c) U velikoj zdjeli za miješanje pomiješajte pinjole, med, šećer, jaja, maslinovo ulje, koricu limuna i tekućinu dok smjesa ne postane glatka. Izlijte u ohlađenu koru od tijesta i pecite 20 minuta, ili dok nije sasvim čvrsto i lagano porumeni na vrhu.
d) Ostavite da se ohladi na sobnoj temperaturi i poslužite.

## 3. Torte od badema i marelice

Prinos: 18 porcija

**Sastojak**
- ½ šalice maslaca
- 3 unce krem sira
- ⅓ šalice maslaca
- ½ šalice šećera
- 1 svako jaje
- ½ žličice pakiranja vanilije), omekšale
- 1 šalica višenamjenskog brašna
- ⅔ šalice grubo mljevenih prženih blanširanih badema
- ⅓ šalice konzervirane marelice
- kriške badema (po želji)

**Upute**
a) TIJESTO: Miješajte ½ šalice maslaca i krem sir električnom miješalicom 30 sekundi. Umiješajte brašno. Pokrijte i ohladite 1 sat ili dok tijesto ne postane lako za rukovanje.
b) NADJEV: Miksajte ⅓ šalice maslaca električnom miješalicom 30 sekundi. Umutiti šećer, zatim jaje i vaniliju.
c) Umiješajte mljevene bademe. Ravnomjerno utisnite 1 žlicu tijesta na dno i gornje strane svake od osamnaest posuda za tart od 2 do 2 ½ inča.
d) Žlicom stavite 1 žličicu nadjeva od badema na svaki kolač.
e) Pecite na limu za pečenje 20 do 25 minuta u pećnici zagrijanoj na 350F. Torte ohladite u kalupima oko 10 minuta. U međuvremenu zagrijte i miješajte marelicu na laganoj vatri dok se ne otopi.
f) Izvadite torte iz kalupa i stavite ih na rešetke. Dok su torte još tople premažite nadjev otopljenim konzervama.
g) Po želji ukrasite narezanim bademima. Cool. Pravi 18 torti.

## 4. Alzaški kolač od šljiva

Prinos: 6 do 8

## Sastojak
- Maslac
- 7 velikih crvenih šljiva bez koštica, svaka izrezana na 8 kriški
- 4 žlice šećera
- 1 Pate Sucree tijesto
- ½ žličice mljevenog cimeta
- 1 bjelanjak, istučen da se sjedini
- Sladoled od vanilije

## Upute
a) Zagrijte pećnicu na 400F. Lim za pečenje obložite folijom; folija od maslaca.
b) Stavite šljive na pripremljeni lim, ravnomjerno razmaknuvši ih. Pospite sa 2 žlice šećera. Pecite dok šljive ne omekšaju, ali još uvijek zadrže oblik, oko 30 minuta. Ohladite šljive na limu.
c) Razvaljajte tijesto na pobrašnjenoj površini na krug promjera 12 inča.
d) Premjestite tijesto na sredinu drugog teškog velikog lima za pečenje. Preklapajte šljive u koncentričnim krugovima na tijestu, tvoreći krug promjera 9 inča u sredini.
e) Pomiješajte preostale 2 žlice šećera i cimet u maloj posudi. Po šljivama pospite mješavinu šećera. Presavijte rub tijesta preko šljiva, stisnite kako biste zatvorili sve pukotine u tijestu. Premažite koru dva puta bjelanjkom.
f) Pecite tart dok korica ne porumeni, oko 25 minuta. Pažljivo prođite tankim oštrim nožem ispod rubova kolača da biste ga odvojili od lista. Ohladite 15 do 30 minuta. Tart poslužite malo topao uz sladoled.

## 5. Jabučni kolač

Prinos: 4 porcije
**Sastojak**
**Slatko tijesto:**
- 1 šalica brašna
- 3 žlice šećera
- $\frac{1}{4}$ žličice praška za pecivo
- prstohvat soli
- 4 žlice neslanog maslaca
- 1 veliko jaje

**Punjenje od jabuka:**
- 3 jabuke Golden Delicious
- 2 žlice šećera
- $\frac{1}{4}$ žličice cimeta

**Kirsch krema:**
- $\frac{2}{3}$ šalice gustog vrhnja
- 3 žlice šećera
- 1 žlica Kirsch
- 3 žumanjka

**Upute**

a) Za tijesto, pomiješajte suhe sastojke u multipraktiku i promiješajte. Dodajte maslac i umutite. Dodajte jaje i nastavite miksati dok tijesto ne postane lopta. Razvaljajte tijesto u disk od 14 inča i obložite kalup za tart od 10 inča. Ohladite tijesto nekoliko sati, ili preko noći.

b) Jabuke ogulite, očistite od središta, prepolovite i narežite na ploške debljine $\frac{1}{8}$-inča; poredati na tijesto, preklapajući. Pospite cimet šećerom. Za kremu pomiješajte sve sastojke; miješajte rukom dok ne postane glatka i dobro izmiješana; procijediti i rezervisati.

c) Pecite na 350 stupnjeva oko 35 minuta ili dok se jabuke i kora ne ispeku. Izvadite kolač iz pećnice; prelijte kremom od pudinga pazeći da se ne prelije. Vratite kolač u pećnicu na 5 do 10 minuta ili dok se krema ne stegne, ali ne oboji ili ne napuhne.

6. Tarte tatin od jabuka i grožđica

Prinos: 6 obroka

## Sastojak
- 2 žlice maslaca
- 3 žlice ruma
- 1 šalica miješanih grožđica i ribiza
- 2 funte med jabuka
- ½ pakiranja (17 oz.) smrznutog lisnatog tijesta
- ¼ šalice plus 2 žlice bijelog šećera
- Pećnica: 400F

## Upute
a) Jabuke ogulite, izvadite im koštice i narežite na osmine. Napunite zdjelu, dovoljno veliku da u nju možete staviti tavu od lijevanog željeza od 9 inča, kockicama leda i zatim dolijte vodu. Rastopite maslac u tavi od lijevanog željeza od 9 inča na srednje jakoj vatri. Dodajte šećer.

b) NEPRESTANO MIJEŠAJTE dok ne postane smeđe i tek se karamelizira. Stavite posudu za prženje u ledenu vodu da se stvrdne, a zatim na rešetku za hlađenje. Postavite pećnicu. Stavite grožđice i ribizle u malu zdjelu. Dodajte rum i podlijte vrućom vodom. Ocijedite nakon 5 ili više minuta.

c) Po karamelu posuti trećinu grožđica i ribiza. Stavite kriške jabuke, zaobljenom stranom prema dolje i složene što bliže jedna drugoj, u kružnom uzorku. Pospite preostalim grožđicama i ribizlom.

d) Izrežite tijesto 2 inča veće od tave. Stavite tijesto na vrh i uvucite strane i ispod ruba vanjskog reda jabuka. Pecite 30 minuta i još vruće preokrenite na ukrasni tanjur.

e) Poslužite dok je još toplo sa svježe tučenim vrhnjem.

# 7. Tart od jabuke i cimeta

Prinos: 10 porcija

## Sastojak
- 1½ šalice zobenih zobi
- 1 žlica cimeta
- ½ žličice cimeta
- ¾ šalice soka od jabuke
- 2 velike jabuke, oguljene/narezane na kriške
- 1 žličica soka od limuna
- ⅓ šalice hladne vode
- 1 paket želatine bez okusa
- 2 šalice jogurta bez masnoće
- ¼ šalice meda
- ½ žličice ekstrakta badema

## Upute
a) Zagrijte pećnicu na 350. Pripremite tanjur za pitu sa sprejom za kuhanje. U maloj posudi pomiješajte zob i 1 žlicu cimeta.

b) Prelijte s ¼ šalice soka od jabuke. Pritisnite na dno tanjura za pitu. Pecite 5 minuta ili dok se ne stegne. Cool. U zdjelu za miješanje pomiješajte kriške jabuke s limunovim sokom; redati na ohladjenu koru u tepsiji i ostaviti sa strane.

c) U malom loncu pomiješajte vodu i preostalu ½ šalice soka od jabuke. Pospite želatinu vodenom smjesom; ostavite stajati 3 minute da omekša.

d) Kuhajte i miješajte na srednjoj vatri dok se želatina potpuno ne otopi; maknuti s vatre. Dodajte jogurt, med, preostalih ½ žličice cimeta i ekstrakt badema; dobro izmiješati.

e) Preliti preko jabuka u kori. Ohladite nekoliko sati ili preko noći.

# 8. Jabuka brusnica okrenuti tart

Prinos: 1

**Sastojak**
- ⅔ šalice šećera
- 3 žlice vode
- 6 Oguljenih jabuka, koštica i tanko narezanih
- 1 šalica brusnica
- 3 žlice šećera
- 1 žlica maslaca
- 1 Nepečena kora pite

**Upute**

a) Kuhajte ⅔ šalice šećera i 3 žlice vode u maloj poklopljenoj posudi 5 minuta. Otklopiti i kuhati dok se ne dobije gusti zlatni karamel.

b) Odmah maknite s vatre da karamela ne zagori. Ulijte u stakleni ili metalni tanjur od 10 inča. Zavrtite kako biste premazali dno.

c) Trećinu kriški jabuka preklopiti na karamel.

d) Na vrh stavite trećinu brusnica i pospite 1 žlicom šećera. Ponovite dva puta s preostalim voćem i šećerom, dodajte maslac.

e) Labavo stavite tijesto preko voća. Pecite na 400 30 minuta. Izvadite na rešetku i ohladite 5 minuta. Nagnite tanjur za pitu iznad male zdjele i izlijte sav nakupljeni sok. Okrenite tanjur za posluživanje preko pite. Okrenite oboje zajedno.

f) Podignite tanjur za pitu. Poslužite tart topao sa sladoledom od vanilije.

# 9. Tart od jabuke i maline

Prinos: 8 porcija

Sastojak
- 1 šalica višenamjenskog brašna
- ½ žličice soli
- ⅓ šalice skraćivanja
- 2 žlice hladne vode; do 3
- 1 jaje; odvojeni
- 23 unce krupnog umaka od jabuka
- 1 šalica svježih malina ILI 10 oz. pakiranje smrznuto; odmrznuto, ocijeđeno
- 2 žlice šećera
- ½ žličice cimeta
- ¾ šalice višenamjenskog brašna
- ½ šalice čvrsto pakiranog smeđeg šećera
- ½ žličice cimeta
- ⅓ šalice margarina ili maslaca; omekšao

Upute
a) Zagrijte pećnicu na 400F.
b) U srednjoj zdjeli pomiješajte brašno i sol. Pomoću mješalice za tijesto ili 2 noža izrežite mast u smjesu od brašna dok čestice ne budu veličine malog graška.
c) Postupno dodajte vodu, miješajući vilicom dok smjesa ne postane vlažna.
d) Skupite tijesto u kuglu. Spljoštiti loptu. Razvaljajte na lagano pobrašnjenoj površini od središta do ruba u krug 1½ inča veći od preokrenute posude za tart od 9 inča.
e) Presavijte tijesto na pola; stavite u posudu. Otklopiti; pritisnite donju i gornju stranu posude. Odrežite rubove ako je potrebno.
f) Pecite na 400F 5 minuta. Izvadite iz pećnice; smanjite temperaturu pećnice na 375F. U maloj posudi istucite

bjelanjak. Kistom premažite cijelu površinu djelomično pečene kore. Ostavite žumanjak za nadjev.

g) U srednjoj zdjeli pomiješajte umak od jabuka, maline, šećer, ½ žličice cimeta i žumanjak. Izlijte u kalup obložen tijestom.

h) U srednjoj zdjeli pomiješajte sve sastojke za preljev; pospite preko smjese voća. Pecite na 375F 40 do 50 minuta ili dok preljev ne porumeni.

i) Cool; uklonite stranice posude. Poslužite sa šlagom.

## 10. Tart od borovnice i mlaćenice

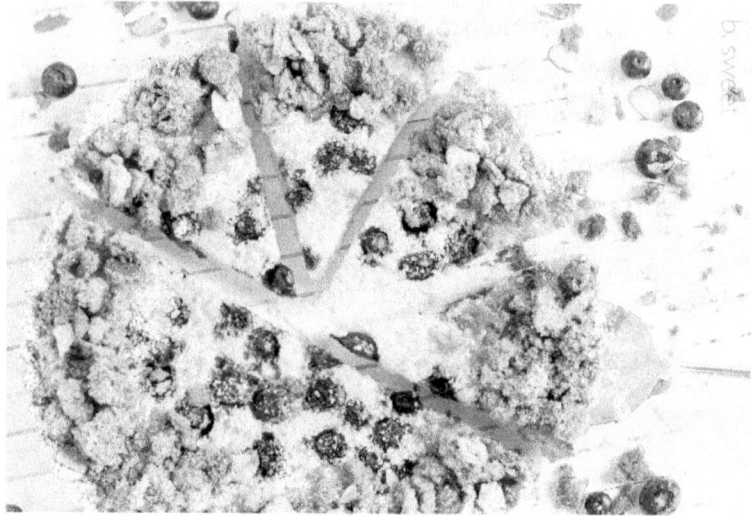

Prinos: 1 porcija

## Sastojak
### Ljuska
- 1½ šalice višenamjenskog brašna
- ¼ šalice šećera
- ¼ žličice soli
- ¼ funte hladnog maslaca; izrezani komadići
- 1 veliko jaje; pobijediti sa
- 2 žlice ledene vode
- Sirova riža; za vaganje školjke

### Nadjev od mlaćenice
- 1 šalica mlaćenice
- 3 velika žumanjka
- ½ šalice šećera
- 1 žlica limunove korice; rešetka
- 1 žlica svježeg soka od limuna
- ½ štapića neslanog maslaca; otopiti, ohladiti
- 1 žličica vanilije
- ½ žličice soli
- 2 žlice višenamjenskog brašna
- 2 šalice borovnica; prebirati
- Šećer u prahu

## Upute
a) LJUSKA-U zdjeli pomiješajte brašno, šećer i sol. Dodajte maslac i miksajte dok smjesa ne podsjeća na grubo brašno. Dodajte smjesu žumanjaka, miješajući dok se tekućina ne uklopi, i oblikujte tijesto u disk. Pospite tijesto brašnom i ohladite, zamotano u plastičnu foliju, 1 sat. Razvaljajte tijesto debljine ⅛" na pobrašnjenoj površini i stavite u kalup za tart od 10" s odvojivim rubom.

b) Ohladite ljusku najmanje 30 minuta ili, poklopljeno, preko noći. Zagrijte pećnicu na 350°C. Obložite ljusku folijom i napunite rižom. Pecite ljusku u sredini pećnice 25 minuta. Pažljivo uklonite foliju i rižu i pecite ljusku još 5 minuta ili dok ne porumeni. Ohladite ljusku u tavi na rešetki.
c) NADJEV - U blenderu ili procesoru pomiješajte sastojke za punjenje dok ne postane glatko. Borovnice ravnomjerno rasporedite po dnu kore. Prelijte nadjev od mlaćenice preko borovnica i pecite u sredini pećnice 30 do 35 minuta ili dok se ne stegne.
d) Uklonite rub posude i potpuno ohladite kolač u posudi na rešetki. Prosijte slastičarski šećer preko kolača i poslužite na sobnoj temperaturi ili ohlađen sa sladoledom od borovnice. Izvor: Conde Nast's Gourmet's Weekends.

# 11. Tart od miješanog voća

Prinos: 8 porcija

**Sastojak**
- $\frac{1}{4}$ šalice grožđica
- $\frac{1}{2}$ šalice kipuće vode
- 8 kriški bijelog kruha
- $1\frac{1}{2}$ šalice 1% mlijeka s niskim udjelom masti, podijeljeno
- 1 šalica Oguljene, nasjeckane kruške
- 2 žlice brašna
- $\frac{1}{4}$ šalice + 2 žlice. šećer, podijeljen
- 2 žlice kukuruznog brašna
- 1 žličica naribane korice limuna
- 3 jaja, lagano tučena
- $\frac{1}{2}$ šalice crvenog grožđa bez sjemenki, prepolovljenog
- 2 žličice nasjeckanog svježeg ružmarina
- 2 žličice maslinovog ulja

**Upute**

a) Kombinirajte grožđice i kipuću vodu; ostaviti da odstoji 15 minuta. Ocijedite i ostavite sa strane.

b) S kruha odrežite korice. Svaku krišku narežite na 4 trokuta; stavite u jednom sloju u posudu za pečenje 13 x 9 x 3. Kruh prelijte s $\frac{1}{2}$ šalice mlijeka i ostavite stajati 5 minuta.

c) Pažljivo (kruh će biti mokar) posložite trokute kruha na dno posude za quiche od 10" premazane sprejom za kuhanje. Na vrh stavite jabuku i krušku.

d) Stavite brašno u srednje veliku zdjelu, postupno dodajte preostalo mlijeko miješajući žičanom pjenjačom dok se ne sjedini. Umiješajte $\frac{1}{4}$ šalice plus 1 žlicu šećera, kukuruznu krupicu, limunovu koricu i jaja; dobro promiješati. Mliječnom smjesom prelijte jabuku i krušku; na vrh stavite grožđice i grožđe, te pospite ružmarinom. Nakapajte ulje preko smjese; pospite preostalim šećerom.

e) Pecite na 350F 50 minuta ili dok se ne stegne; ohladite na rešetki. Izrežite na kriške.

# 12. Blagdanske voćne torte

Prinos: 10 porcija

**Sastojak**

- 3 šalice običnog nemasnog jogurta
- Sprej za kuhanje
- 1¾ šalice obične zobi, nekuhane
- ¼ šalice čvrsto pakiranog smeđeg šećera
- 2 žlice višenamjenskog brašna
- ½ šalice malina za namazanje
- 6 žlica otopljenog margarina
- 12 unci nemasnog krem sira, omekšanog
- 6 žlica šećera
- 1½ žlica naribane korice limuna
- 1½ žlica soka od limuna
- 2 šalice smrznutih malina, odmrznutih i ocijeđenih

**Upute**

a) Stavite jogurt u cjedilo obloženo filtrom za kavu; stavite na veliku zdjelu i pokrijte plastičnom folijom. Hladiti i ocijediti 12 sati.

b) Zagrijte pećnicu na 350'F.; pošpricajte deset posuda za tartlete od 4½" PAM-om. U zdjeli procesora obradite zob, smeđi šećer i brašno dok se ne samelje.

c) Dodati margarin; procesirajte dok se ne sjedine. Stavite 3 žlice mješavine zobi u svaku posudu za tartlete; ravnomjerno pritisnite na donju i ½" gornju stranu. Stavite kalupe za tartlete na lim od želea; pecite 15-17 minuta ili dok ne poprimi zlatnu boju. Potpuno ohladite na rešetkama.

d) U srednjoj zdjeli tucite krem sir dok ne postane glatko. Umiješajte ocijeđeni jogurt, šećer, limunovu koricu i sok. Žlicom ravnomjerno rasporedite pripremljene kore. Prelijte 2 žlice voćnog umaka, pokrijte i ohladite najmanje 3 sata.

e) VOĆNI UMAK: U srednjoj tavi miješajte svo voće na laganoj vatri dok ne postane glatko; umiješajte voće.

# 13. Rainbow voćni tart

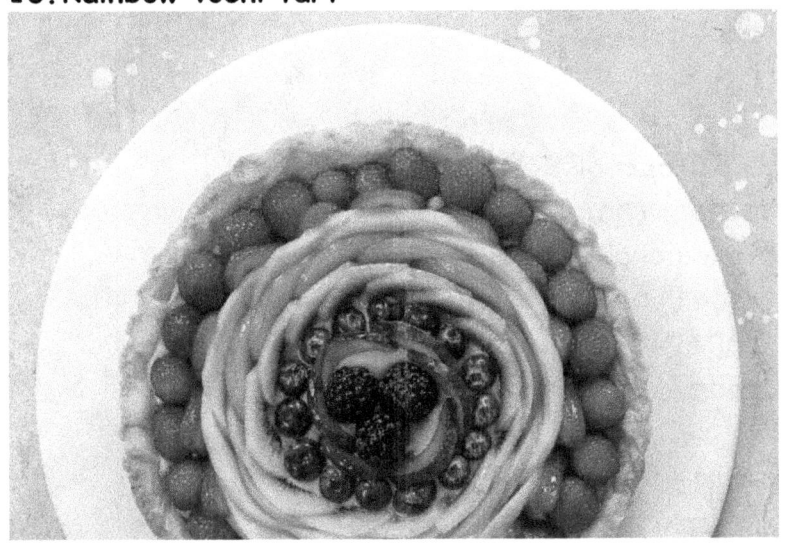

Prinos: 8 porcija

Sastojak
- ½ porcije slatkog tijesta za pite i kolače

NADJEV OD BIJELE ČOKOLADE
- ⅔ šalice gustog vrhnja
- 10 unci bijele čokolade
- 1 žlica Kirsch ili bijelog ruma

ZAVRŠNA OBRADA
- 1 litra jagoda
- 2 kivija
- ½ litre malina
- Tostirani rezani bademi ili nasjeckani
- Pistacije
- Šećer u prahu

Upute
a) Za koru za kolač, zagrijte pećnicu na 350 stupnjeva i postavite rešetku na srednju razinu. Kalup za tart premažite maslacem. Na pobrašnjenoj površini razvaljajte tijesto i obložite njime kalup za tart od 9 inča. Probušite tijesto po cijeloj površini zupcima vilice i obložite ga komadom pergamenta ili voštanog papira.
b) Puniti suhim grahom. Pecite tortu oko 20 do 30 minuta, dok ne postane suha i duboke zlatne boje. Ohladite koru torte na rešetki. Za čokoladni nadjev zakuhajte vrhnje u srednjoj posudi na laganoj vatri.
c) Maknite s vatre i odjednom dodajte čokoladu. Protresite tavu tako da sva čokolada bude potopljena i ostavite 3 minute da se čokolada otopi. Dodati liker i umutiti. Ulijte nadjev u zdjelu za miješanje i stavite u hladnjak dok se ne zgusne, ali ne i stvrdne, oko 20 minuta, povremeno miješajući dok se hladi.

d) Nadjev malo umutiti da postane dovoljno gladak za mazanje. (Ako se stvrdnuo, stavite zdjelu u veliku zdjelu napunjenu 2,5 cm vruće vode i umutite glatko.) Ravnomjerno rasporedite nadjev u ohlađenu koru za tart.
e) Na čokoladni nadjev slažite voće u koncentričnim redovima, lagano ga utiskujući. Da biste izvadili kalup za tart, postavite posudu za tart na veliku limenku ili kanistar i pustite da strana posude padne. Prebacite kolač s dna posude na veliki pladanj s ravnim dnom.
f) Neposredno prije posluživanja tart obrubite bademima ili pistacijama i pospite slastičarskim šećerom.

## 14. Voćni tart s kremom od vanilije

Prinos: 12 porcija

## Sastojak
- ¾ šalice maslaca ili margarina - omekšali
- ½ šalice slastičarskog šećera
- 1½ šalice višenamjenskog brašna
- 10 unci pakiranja čipsa od vanilije, otopljenog i ohlađenog
- ¼ šalice vrhnja za šlag
- 8 unci pakiranja krem sira, omekšalog
- 1 pola litre svježih jagoda, narezanih na kriške
- 1 šalica svježih borovnica
- 1 šalica svježih malina
- ½ šalice soka od ananasa
- ¼ šalice šećera
- 1 žlica kukuruznog škroba
- ½ žličice soka od limuna

## Upute
a) U zdjelu za miješanje izmiksajte maslac i slastičarski šećer. Umiješajte brašno (smjesa će biti mrvičasta). Utapkajte u dno podmazanog 12-in. pleh za pizzu. Pecite na 300 25-28 minuta ili dok lagano ne porumene.
b) Cool. U drugoj posudi za miješanje istucite otopljeni čips i vrhnje. Dodajte krem sir; tucite dok ne postane glatko. Premažite preko kore. Ohladite 30 minuta.
c) Preko nadjeva rasporediti šumsko voće. U loncu pomiješajte sok od ananasa, šećer, kukuruzni škrob i limunov sok; pustite da zavrije na srednjoj vatri.
d) Kuhajte 2 minute ili dok se ne zgusne, neprestano miješajući. Cool; četkom premažite voće. Ohladite 1 sat prije posluživanja. Čuvati u hladnjaku.

## 15. Parisienne voćni tart

Prinos: 6 obroka

## Sastojak
- 1 pakiranje (10 oz.) smrznutih ljuski pljeskavica
- Šećer
- 1 šalica mlijeka
- 1 šalica gustog vrhnja
- 1 pakiranje (4 oz.) mješavine mekog deserta s okusom vanilije
- 2 banane srednje veličine
- 2 žlice soka od limuna
- ⅓ šalice konzervirane marelice
- 2 šalice zelenog grožđa bez sjemenki, opranog (3/4 lb.)
- 1 limenka (8-1/4 oz.) narezanog ananasa, ocijeđenog.

## Upute
a) Izvadite ljuske pljeskavice iz pakiranja. Odmrzavajte na sobnoj temperaturi pola sata.
b) Stavite krugove tijesta, malo preklapajući, po dužini na lagano pobrašnjenu površinu. Razvaljajte u pravokutnik 16x4 inča. (Ako se pljeskavice odvajaju, navlažite ih s nekoliko kapi vode.) Stavite na nepodmazan veliki lim za kekse; ravnomjerno obrežite rubove; dobro izbockati vilicom; ohladiti 30 minuta.
c) Tanko namotajte obreske; izrezati na ⅓ inča široke trake duge oko 4 inča; premažite vodom; pritisnite krajeve zajedno da napravite prstenove.
d) Prstenove premažite vodom, a zatim umočite u šećer; stavite na lim za kekse zajedno s pravokutnikom tijesta. Pecite tijesto i obruče u pećnici na 400°C 10 minuta. skinite prstene t wire rack; rezerva za ukras. Pecite pravokutnik od tijesta 10 minuta duže, ili dok ne porumeni. Izvadite na rešetku; cool.

e) Pomiješajte mlijeko, ¼ šalice vrhnja i desertnu smjesu u maloj dubokoj posudi; ritam, slijedeći upute za oznaku. Ohladite 15 minuta. Ogulite i narežite banane na kriške debljine ¼ inča. Poškropite sokom od pola limuna.
f) Podijelite tijesto na dva sloja. Stavite donji sloj na posudu ili dasku za dugo posluživanje; premažite s oko ⅔ mekog deserta; složite kriške banane na duge bočne rubove; premažite preostalom smjesom za desert.
g) Na vrh stavite drugi sloj tijesta. Zagrijte marelice s preostalim limunovim sokom dok se ne otope u malom loncu; malo ohladite. Premažite cijeli tart.
h) Istucite preostalo vrhnje dok ne postane čvrst u maloj posudi. Ispecite ili premažite šlagom preko vrha tijesta. Složite uredne redove grožđa u kremi, počevši od vanjskih rubova. Kriške ananasa prerežite na pola i stavite u sredinu. Ukrasite odvojenim kolutićima od tijesta.

# 16. Premier bijeli voćni tart

Prinos: 1 porcija

**Sastojak**
- Tijesto za jednu koru; pita od 9 inča
- ⅓ šalice granuliranog šećera
- ¼ šalice višenamjenskog brašna
- 3 žumanjka
- 1 šalica mlijeka
- 1 pakiranje (6 unci) NESTLE Premier bijelih pločica za pečenje; nasjeckana
- 1 žličica ekstrakta vanilije
- ¼ šalice džema od marelica; zagrijana
- 2 kivija; oguljene i narezane
- 1 šalica malina
- Premier White Leaves, izborno

**Upute**
a) Posudu za tart od 9 inča obložite tijestom; obrežite rubove. Izbodite tijesto vilicom. Pecite u prethodno zagrijanoj pećnici na 425 F. 10 do 12 minuta dok korica lagano ne porumeni. Ohladite na sobnu temperaturu.
b) Pomiješajte šećer i brašno u malom loncu; umiješajte žumanjke i mlijeko. kuhajte na srednjoj vatri, neprestano miješajući, dok smjesa ne zavrije.
c) Smanjite toplinu. Kuhajte, neprestano miješajući, 3 minute dok se smjesa ne zgusne i postane glatka. Maknite s vatre.
d) Dodajte štapiće za pečenje i vaniliju; miješajte dok ne postane glatko. Pritisnite plastičnu foliju izravno na površinu punjenja; potpuno se ohladiti.
e) Uklonite ljusku kolača iz posude. Nanesite pekmez na dno; ostaviti da odstoji 5 minuta.
f) Namazati nadjevom. Po vrhu rasporedite voće. Ohladite se. Po želji ukrasite s Premier White Leaves.

# 17. Alpski tart od krumpira

Prinos: 10 porcija

## Sastojak
- 7 velikih Idaho krumpira
- 3 šalice švicarskog sira, nasjeckanog
- 3 šalice gustog vrhnja
- 3 žličice nasjeckanog češnjaka
- 1 žlica soli
- 2 žličice crnog papra, svježe nasjeckanog
- 1 žlica svježeg lista majčine dušice, nasjeckanog
- 1 žličica maslaca, omekšalog
- Zagrijte pećnicu na 300 stupnjeva F.

## Upute
a) Ogulite krumpir i narežite ga na ploške debljine oko $\frac{1}{8}$-inča. Staviti na stranu.
b) U velikoj zdjeli pomiješajte ploške krumpira, polovicu nasjeckanog sira i vrhnje, češnjak, sol, papar i majčinu dušicu. Miješajte dok se dobro ne sjedini.
c) Podmažite četvrtasti kalup za tortu ili vatrostalnu posudu od 9 inča omekšalim maslacem po dnu i stranicama. Stavite smjesu krumpira na dno posude, čvrsto pritisnite dok dodajete. Kada je smjesa sva u tavi, provjerite je li čvrsto upakirana. Prelijte preostalom polovicom sira.
d) Pecite u prethodno zagrijanoj pećnici dok vrh ne porumeni, oko $1\frac{1}{2}$ sat. Izvadite krumpir iz pećnice i ostavite da odstoji 15 minuta prije rezanja. Narežite na kvadrate od 2 do 3 inča.

# 18. Torta od artičoke

Prinos: 8 porcija

**Sastojak**
- 1 slijepo pečena kora za pitu u 10 žljebova; d
- 1 posuda za tart
- 2 žlice maslinovog ulja
- 1 unca pancete; julienned
- ½ šalice mljevenog luka
- 2 žlice mljevene ljutike
- 6 unci julienned artičoke srca
- 1 žlica mljevenog češnjaka
- ¼ šalice gustog vrhnja -; (na 1/2 šalice)
- 3 žlice šifonade svježeg bosiljka
- 1 sok od jednog limuna
- ½ šalice ribanog sira Parmigiano-Reggiano
- ½ šalice ribanog asiago sira
- 1 sol; okusiti
- 1 svježe mljeveni crni papar; okusiti
- 1 šalica umaka od začinske rajčice; toplo
- 1 žlica chiffonade bosiljka
- 2 žlice ribanog parmezana

**Upute**
a) Zagrijte pećnicu na 350 stupnjeva. U tavi zagrijte maslinovo ulje.
b) Pirjajte pancetu 1 minutu. Dodajte luk i ljutiku, pirjajte 2 do 3 minute. Dodajte srca i češnjak i nastavite pirjati 2 minute. Dodajte vrhnje. Posolite i popaprite. Umiješajte bosiljak i limunov sok.
c) Maknite s vatre i ohladite. Raširite smjesu artičoka po dnu kalupa za tart. Po smjesi pospite sireve.
d) Pecite 15 do 20 minuta ili dok se sirevi ne otope i ne porumene. Žlicom nalijte bazenčić umaka u sredinu tanjura. Stavite krišku tarta u sredinu umaka.
e) Ukrasite naribanim sirom i bosiljkom.

# 19. Pumpkin pie cheesecake Tart

Čini 1

## Sastojci
### Kora
- 3/4 šalice bademovog brašna
- 1/2 šalice obroka od lanenog sjemena
- 1/4 šalice maslaca
- 1 žličica začina za pitu od bundeve
- 25 kapi tekuće stevije

### Ispuna
a) 6 oz. Veganski krem sir
b) 1/3 šalice pirea od bundeve
c) 2 žlice kiselog vrhnja
d) 1/4 šalice veganskog vrhnja
e) 3 žlice maslaca
f) 1/4 žličice začina za pitu od bundeve
g) 25 kapi tekuće stevije

### Upute
a) Pomiješajte sve suhe sastojke za koru i dobro promiješajte.
b) Zgnječite suhe sastojke s maslacem i tekućom stevijom dok ne dobijete tijesto.
c) Za vaše mini kalupe za tart, razvaljajte tijesto u male kuglice.
d) Pritisnite tijesto uz rub kalupa za tart dok ne dosegne i ne podigne se uz rubove.
e) Pomiješajte sve sastojke za punjenje u posudi za miješanje.
f) Pomiješajte sastojke za punjenje uz pomoć uronjenog blendera.
g) Nakon što su sastojci za nadjev glatki, rasporedite ih u koru i ohladite.
h) Izvadite iz hladnjaka, narežite i premažite po želji šlagom.

# 20. Torte od pečenog povrća

Prinos: 1 porcija

**Sastojak**
- 450 grama krumpira; oguljeno, naribano,
- 1 veliki pastrnjak; oguljene i naribane
- 50 grama glatkog brašna
- Sol i svježe mljeveni papar
- 3 L5 ml biljnog ulja
- 2 paprike; bez jezgre i grubo nasjeckan
- 1 tikvica; izrezati na komade
- 2 češnja češnjaka; zgnječen
- 1 crveni luk; izrezati na komade
- 2 125 g krumpira; dobro izribano
- 25 grama vegetarijanskog pecorina; pahuljice (po želji)

**Upute**

a) Prethodno zagrijte pećnicu na 220øC/425øF/plinska oznaka 7

b) Pomiješajte ribani krumpir, pastrnjak i brašno; začinite solju i paprom, zatim pomiješajte s 2 žlice od 15 ml / 2 žlice ulja.

c) Podijelite u 4 brda na dobro podmazanom limu za pečenje i oblikujte gnijezda od 10 cm / 4 inča s blago podignutim rubovima. Pokrijte prozirnom folijom i ohladite 30 minuta.

d) U međuvremenu pomiješajte paprike, tikvice, češnjak i luk. Krumpir narežite uzdužno na jednake kolutove i dodajte ostalom povrću.

e) Povrće pospite solju i paprom u preostalom ulju i pecite u pećnici 20 minuta.

f) Okrenite povrće. Otklopite kolače i stavite ih u pećnicu na posebnom limu, nastavite peći još 20 minuta.

g) Prebacite kolače u posude za posluživanje i žlicom ubacite pečeno povrće.

h) Pospite listićima pecorino sira (po želji) i odmah poslužite.

# 21. Brioche tart od pečenog povrća i kozjeg sira

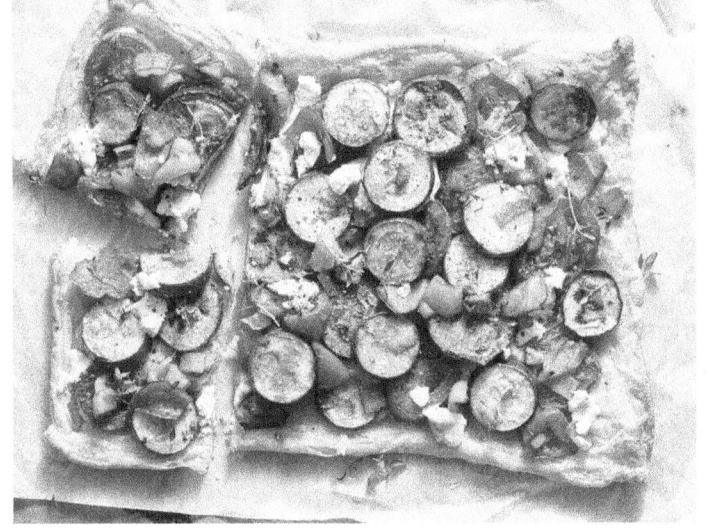

Prinos: 8 porcija

## Sastojak
- 15 grama svježeg kvasca; (1/2oz)
- 100 mililitara tople vode; (3 1/2 tečne oz.)
- 250 grama oštrog glatkog bijelog brašna; (8oz)
- 25 grama šećera; (1oz)
- 2 jajeta srednje veličine
- 125 grama neslanog maslaca; (4oz)
- 1 manji patlidžan
- 1 srednja tikvica
- 2 žlice maslinovog ulja
- 1 pakiranje od 15 g svježe majčine dušice
- 2 češnja češnjaka; debelo narezan
- 1 crvena paprika
- 100 grama kozjeg sira; narezano (3 1/2oz)
- Sol i svježe mljeveni crni papar

## Upute
a) Zagrijte pećnicu na 200 C, 400 F, plinska oznaka 6.
b) Kvasac pomiješajte s toplom vodom, dodajte 4 žlice glatkog brašna, pokrijte zdjelu prozirnom folijom i ostavite na toplom mjestu 10-15 minuta.
c) Stavite preostalo brašno u veliku zdjelu. Dodajte šećer, jaja, smjesu kvasca i prstohvat soli. Dobro tucite 5 minuta.
d) Pokrijte zdjelu prozirnom folijom, ostavite tijesto na toplom 30 minuta ili dok se tijesto ne udvostruči.
e) Narežite patlidžan i tikvicu po dužini na komade debljine 5 cm ($\frac{1}{4}$ inča). Stavite ih na lim za pečenje i premažite maslinovim uljem. Po vrhu pospite 1 češanj češnjaka i malo timijana. Pecite 10 minuta.

f) Na poseban pladanj stavite crvenu papriku, premažite je maslinovim uljem, pospite češnjakom i majčinom dušicom. Pecite u pećnici 20 minuta dok ne omekša. Kad se ohladi skinite kožu.
g) Kada se tijesto za brioche udvostruči, vratite zdjelu u mikser i postupno umiješajte omekšali maslac. Ponovno pokrijte zdjelu prozirnom folijom i stavite je na toplo mjesto još 30 minuta.

h) Kada se brioš udvostruči, izvadite ga iz zdjele za otprilike 30-40 minuta. Lagano pobrašnite radnu površinu i razvaljajte tijesto na debljinu od 1,5 cm ($\frac{3}{4}$ inča) i stavite ga na podlogu neprianjajućeg kalupa od 20 cm (8 inča).
i) Rasporedite kozji sir i pečeno povrće na vrh tijesta ostavljajući 1,5 cm ($\frac{3}{4}$ inča) oko vanjskog ruba. Pospite svježim timijanom i začinite solju i svježe mljevenim crnim paprom.
j) Pecite u pećnici 35 minuta dok ne porumene. Izvadite iz kalupa i premažite preostalim maslinovim uljem.

## 22. Slani tart od povrća

Prinos: 6 porcija

**Sastojak**
**Kore za pecivo**
- 2 šalice nebijeljenog bijelog brašna
- ⅓ šalice integralnog pšeničnog brašna
- ½ žličice soli
- ½ šalice biljnog ulja
- 4 žlice obranog ili nemasnog mlijeka; po potrebi do 5
- 4 žličice maslinovog ulja
- 2 velika luka; narezano (4 šalice)
- ½ žličice soli
- ¼ žličice svježe mljevenog crnog papra
- 2 srednje tikvice; tanko narezan
- 3 rajčice šljive; tanko narezan

**Upute**
a) KORA: Zagrijte pećnicu na 400 F. U velikoj zdjeli pomiješajte oba brašna i sol.
b) Postupno dodajte ulje, miješajući smjesu vilicom dok ne postane mrvica. Miješajući vilicom dodajte dovoljno mlijeka dok se smjesa ne sjedini u kuglu. Oblikujte mali disk.
c) Razvaljajte tijesto između dva lista voštanog papira u 12-inčni krug debljine oko ¼ inča. Uklonite gornji list papira i preokrenite tijesto, bez razvlačenja, u okrugli kalup za tart od 9 inča s dnom koje se može ukloniti. Pažljivo odlijepite gornji dio voštanog papira. Postavite tijesto duž donje i gornje strane kalupa za tart i odrežite rubove.
d) Koru labavo obložiti folijom i napuniti suhim grahom ili utezima za pite.
e) Pecite 15 minuta. Maknite foliju i grah te pecite dok ne porumeni, još oko 15 minuta. Prebacite na rešetku i ostavite da se ohladi. Smanjite temperaturu pećnice na 375 F.

f) U velikoj tavi zagrijte ulje na srednje jakoj vatri. Dodajte luk i kuhajte, povremeno miješajući, dok ne porumeni, 15 do 20 minuta. Prebacite na koru i ravnomjerno rasporedite. Začinite s malo soli i papra. Dodajte tikvice u tavu i pecite dok ne porumene, oko 2 minute po strani.

g) Posložite kriške tikvica i rajčice u krugove naizmjenično na luk, posipajte preostalom soli i paprom. Pecite dok rajčice ne omekšaju, oko 25 minuta. Poslužite toplo ili prebacite na žičanu rešetku da se ohladi, a zatim ostavite u hladnjaku do posluživanja.

## 23. Torta s kremom od povrća

Prinos: 1 porcija

## Sastojak
- ¼ funte raznih divljih i egzotičnih gljiva
- 5 kriški crvenog luka; (1/2 inča debljine)
- 5 kriški patlidžana; (1/2 inča debljine)
- 10 kriški tikvica; (1/2 inča debljine)
- 10 kriški žute tikve; (1/2 inča debljine)
- ¼ šalice maslinovog ulja
- Sol i svježe mljeveni crni papar po ukusu
- 4 velika žumanjka
- 2 šalice gustog vrhnja
- ½ šalice svježe naribanog sira Parmigiano-Reggiano
- 1 žlica nasjeckanog svježeg peršinovog lišća
- 1 crtica Worcestershire umaka
- 1 crtica Ljuti umak
- ½ osnovnog tijesta za pitu; razvaljano 1/8 inča debelo

**Upute**

a) Zagrijte pećnicu na 400 stupnjeva Farenheighta
b) Stavite gljive i povrće u veliku zdjelu za miješanje, dodajte maslinovo ulje, začinite solju i paprom. Bacite na kaput.
c) Povrće ravnomjerno rasporedite na veliki lim za pečenje i pecite dok ne porumeni, oko 20 minuta. Izvadite iz pećnice i ostavite da se ohladi.
d) Smanjite temperaturu pećnice na 350 stupnjeva Farenheighta
e) U drugoj velikoj zdjeli za miješanje pomiješajte žumanjke i vrhnje i dobro ih umutite. Dodajte sir, peršin, Worcestershire i ljuti umak te začinite solju i paprom. Umutite da se sjedini.
f) Obložite 10-inčni duboki kalup za pitu korom za pitu i skupite rubove.
g) Na dno posude poslagati patlidžan, zatim tikvicu, tikvice, gljive i luk. Preko vrha ravnomjerno prelijte smjesu jaja. Pecite dok se sredina ne stegne, a vrh ne porumeni, oko 50 minuta. Izvadite iz pećnice i ostavite da se ohladi 5 minuta prije rezanja za posluživanje.

## 24. Koktel kolačići od škampa

Prinos: 20 predjela

**Sastojak**
- 115 oz. pakiranje ohlađene kore za pitu
- Sitno nasjeckan list zelene salate
- 1 12 oz. pakiranje smrznuti mali kuhani škampi, odmrznuti, isprani, ocijeđeni
- Koktel umak

**Upute**

a) Zagrijte pećnicu na 450F. Ostavite obje vrećice kora za pitu da odstoje na sobnoj temperaturi 15 do 20 minuta. Svaku koru razviti; uklonite gornju plastičnu foliju. Istisnite linije savijanja. Okrenite i uklonite preostalu plastičnu foliju. Od svake kore izrežite desetak krugova od 3 inča. Postavite krugove preko poleđine minijaturnih posuda za muffine. Stisnite 4 ili 5 nabora na jednakom razmaku oko strana šalice. Izbockajte obilno vilicom. Pecite na 450F 9 do 13 minuta ili dok ne porumene. Potpuno ohladiti; izvadite iz kalupa za muffine.

b) U svaku koru tarta stavite malu količinu nasjeckane zelene salate. Žlicom stavite komade škampi na sloj zelene salate. Prelijte malom količinom koktel umaka.

## 25. Tart od badema

Prinos: 8 porcija

**Sastojak**
- Tijesto
- ½ šalice gustog vrhnja
- ⅓ šalice šećera
- 1 žličica naribane korice naranče
- ¼ žličice ekstrakta badema
- 1 šalica narezanih badema
- Šlag za ukras
- Konzerve od malina

**Upute**
a) Najmanje 2 brašna prije pripreme tarta, napravite tijesto.
b) Kada se tijesto ohladi, zagrijte pećnicu na 375'F. Između pobrašnjenih listova voštanog papira razvaljajte tijesto na krug od 11 inča. Stavite u rebrasti kalup za tart od 9 inča s dnom koje se može ukloniti.
c) Obrežite tijesto ravnomjerno uz rub posude. Zupcima vilice probušite dno i stranice tijesta.
d) Stavite posudu za tart na obrubljeni lim za pečenje. Koru od tijesta obložite aluminijskom folijom i napunite utezima za pite. Pecite 8 minuta; izvadite posudu iz pećnice i izvadite foliju i utege. Vratite tijesto u pećnicu i pecite još 4 minute. Odložite na rešetku da se ohladi.
e) U međuvremenu, u zdjeli, električnom miješalicom na srednjoj brzini, miješajte vrhnje, šećer, koricu i ekstrahirajte dok se šećer ne otopi, dodajte bademe.
f) Žlicom ravnomjerno rasporedite smjesu od badema u tijesto. Vratite u pećnicu i pecite 20 do 25 minuta, ili dok nadjev ne dobije zlatnu boju. Ohladite na sobnoj temperaturi na rešetki.

g) Kada se kolač ohladi, po želji žlicom stavite šlag oko vanjskog ruba; promiješajte konzerve i prelijte preko vrhnja. Izrežite na 12 kriški i poslužite.

h) Tijesto: U zdjeli srednje veličine pomiješajte 1 C neprosijanog višenamjenskog brašna, $\frac{1}{2}$ t soli i $\frac{1}{2}$ t šećera. S miješalicom za tijesto ili 2 noža, izrežite 6 T neslanog maslaca i 2 T biljnog masti dok smjesa ne nalikuje grubim mrvicama.

i) Postupno dodajte $2\frac{1}{2}$ do 3 T ledene vode u smjesu brašna, lagano miješajući vilicom dok tijesto ne postane dovoljno vlažno da se oblikuje kugla. Rukama razvaljajte u kuglu i spljoštite na debljinu od 1 inča. Zamotajte i ohladite najmanje 2 brašna prije upotrebe.

## 26. Meksički čokoladni tart sa začinjenim pekan orahom

### Pecans
- Neljepljivo biljno ulje u spreju
- 1 veći bjelanjak
- 2 žlice šećera
- 1 žlica zlatno smeđeg šećera
- 1 žličica mljevenog cimeta
- 1/4 žličice soli
- 1/8 žličice kajenskog papra
- 1 1/2 šalice polovica oraha oraha

### Kora
- 1 šalica mrvica čokoladnog kolačića (otprilike polovica jednog pakiranja kolačića od 9 unci, fino samljevenog u procesoru)
- 1/4 šalice šećera
- 1/2 žličice mljevenog cimeta
- 1/8 žličice soli
- 5 žlica neslanog maslaca, otopljenog

### Punjenje
- 1 šalica jakog vrhnja za šlag
- 4 unce gorko-slatke ili poluslatke čokolade, nasjeckane
- 1 (3,1 unce) disk meksičke čokolade
- 1/4 šalice (1/2 štapića) neslanog maslaca, izrezanog na 4 komada
- 2 žličice ekstrakta vanilije
- 1 žličica mljevenog cimeta
- 1/4 žličice soli
- Lagano zaslađeno vrhnje za šlag

### Upute
### Za pekan orahe:
a) Zagrijte pećnicu na 350°F. Pošpricajte obrubljeni lim za pečenje neljepljivim sprejem. Umutite sve sastojke osim pekan oraha u srednjoj zdjeli. Umiješajte pekan orahe. Raširite u jednom sloju na lim, zaobljenom stranom prema

gore. Pecite dok ne porumene i ne budu suhe, oko 30 minuta. Ohladiti na limu. Odvojite matice, uklanjajući višak premaza. URADI UNAPRIJED Može se napraviti 2 dana unaprijed. Čuvati hermetički zatvoreno na sobnoj temperaturi.

**Za koru:**
b) Zagrijte pećnicu na 350°F. Pomiješajte prva 4 sastojka u procesoru. Dodajte otopljeni maslac; procesirajte dok se mrvice ne navlaže. Utisnite mrvice u kalup za tart promjera 9 inča s dnom koje se može ukloniti, do 1/8 inča od vrha. Pecite dok se ne stegne, oko 20 minuta. Ohladiti na rešetki.

**Za punjenje:**
c) Pustite vrhnje da se kuha u srednjem loncu. Maknite s vatre. Dodati čokolade; mutiti dok se ne otopi. Dodajte maslac, komad po komad; miješajte dok ne postane glatko. Umiješajte vaniliju, cimet i sol. U koru sipati fil. Ohladite dok se punjenje ne počne stvrdnjavati, otprilike 15 do 20 minuta. Rasporedite orahe u koncentričnim krugovima po vrhu torte. Ohladite dok se ne stegne, oko 4 sata. URADI UNAPRIJED Može se napraviti 1 dan unaprijed. Malo pokrijte folijom i držite na hladnom. Poslužite tart sa šlagom.

## 27. Frangipane tart sa sezonskim voćem

## Sastojci

- 1 porcija paštete brisée
- 3/4 štapića (6 žlica) neslanog maslaca, omekšalog
- 1/2 šalice šećera
- 1 veliko jaje
- 3/4 šalice blanširanih badema, sitno mljevenih
- 1 žličica ekstrakta badema
- 1 žlica amaretta
- 1 žlica višenamjenskog brašna
- 2 šalice jagoda, oljuštenih
- 2 šalice malina, pobranih i ispranih
- 1/4 šalice džema od jagoda ili malina, otopljenog i procijeđenog

## Pâte Brisée

- 1-1/4 šalice višenamjenskog brašna
- 3/4 štapića (6 žlica) hladnog neslanog maslaca, narezanog na komadiće 2 žlice hladnog biljnog masti
- 1/4 žličice soli

## Upute

### Pâte Brisée

a) U velikoj zdjeli pomiješajte brašno, maslac, biljnu mast i sol dok smjesa ne bude nalik obroku. Dodajte 2 žlice ledene vode, miješajte smjesu dok se voda ne sjedini, dodajte još ledene vode ako je potrebno da se oblikuje tijesto i oblikujte tijesto u kuglu. Pospite tijesto brašnom i ohladite ga, umotano u voštani papir, 1 sat.

### Opor

b) Razvaljajte tijesto debljine 1/8 inča na lagano pobrašnjenoj površini, stavite ga u pravokutni kalup za tart veličine 11 x 8 inča ili okrugli kalup od 10 ili 11 inča s rubom koji se može ukloniti i ohladite ljusku dok radite frangipane.

c) U maloj posudi umutite maslac i šećer te umiješajte jaje, bademe, ekstrakt badema, amaretto i brašno. Ravnomjerno rasporedite frangipane po dnu školjke i pecite tart u sredini prethodno zagrijane na 375°F. peći 20 do 25 minuta, ili dok ljuska ne postane blijedo zlatna. (Ako frangipane počne dobivati previše smeđu boju, labavo prekrijte tart komadom folije.)

d) Ostavite tart da se ohladi. Izrežite jagode po dužini na ploške debljine 1/8 inča, složite ploške, preklapajući se, ukrasno s malinama u redove na frangipaneu i nježno ih premažite džemom.

# 28. Ljuskava kora za pitu

Prinos: 10- x 1-inčni kolač od ljuske
**Sastojci**
- 8 žlica neslanog maslaca, hladnog
- 1 1/3 šalice + 4 žlice slastičarskog brašna
- 1/4 žličice soli
- 2 1/2 do 3 1/2 žlice ledene vode
- 1 1/2 žličice jabukovače octa po želji
- 1/8 žličice praška za pecivo

**Upute**
a) Maslac podijelite na dva dijela, otprilike dvije trećine do jedne trećine.
b) Narežite maslac na kockice od 3/4 inča. Svaki dio maslaca omotajte plastičnom folijom, veću količinu ohladite, a manju zamrznite na najmanje 30 minuta. Stavite brašno, sol i prašak za pecivo u vrećicu za zamrzavanje veličine galona koja se može ponovno zatvoriti i zamrznite najmanje 30 minuta.
c) **Metoda procesora hrane:** Stavite smjesu brašna u multipraktik s metalnom oštricom i promiješajte nekoliko sekundi da se sjedini. Ostavite torbu sa strane.
d) Dodajte veću količinu kockica maslaca u brašno i miješajte oko 20 sekundi ili dok smjesa ne podsjeća na grubo brašno. Dodajte preostale smrznute kockice maslaca i miksajte dok sav smrznuti maslac ne bude veličine graška.
e) Dodajte najmanju količinu ledene vode i octa i promiješajte 6 puta. Uhvatite malu količinu smjese između prstiju.
f) Za malene tartlete od 1 inča izostavite prašak za pecivo i pustite da se obrada nastavi samo dok se ne formira kuglica. Dodatno miješanje daje tijesto koje je nešto manje ljuskavo, ali osigurava da neće izgubiti oblik u sićušnim kalupima.
g) Žlicom stavite smjesu u plastičnu vrećicu.
h) Držeći oba kraja otvora vrećice prstima, mijesite smjesu naizmjenično je pritiskajući, s vanjske strane vrećice, zglobovima i petama ruku dok se smjesa ne drži zajedno u jednom komadu i dok se ne čini lagano rastezljivom kada je povučete.
i) Tijesto omotajte plastičnom folijom, spljoštite u disk i stavite u hladnjak na najmanje 45 minuta.

## 29. Tart od kozjeg sira i špinata

Prinos: 8 porcija

## Sastojak
- ½ šalice nasjeckanog luka
- 1 žlica maslinovog ulja
- 3 šalice opranog špinata bez peteljki
- 5 jaja
- 1½ šalice svježeg kozjeg sira
- 2 šalice gustog vrhnja
- 1 sol; okusiti
- 1 svježe mljeveni bijeli papar; okusiti
- 1 prethodno pečeni obični kolač od devet inča
- 2 žlice nasjeckanog vlasca
- 2 žlice sitno narezane crvene paprike

## Upute
a) Zagrijte pećnicu na 350 stupnjeva. U tavi kuhajte luk na ulju dok ne omekša, 5 minuta; dodajte špinat, šaku po šaku, miješajući.
b) Kuhajte dok špinat ne uvene, pusti tekućinu, a tekućina ispari.
c) Prebacite u zdjelu da se ohladi. U drugoj zdjeli umutiti jaja s kozjim sirom da se dobro sjedine, dodati vrhnje i umiješati ohlađenu smjesu od špinata; začinite solju i paprom. Napunite koru za tart. Pecite 30 minuta dok se krema čvrsto ne stegne sa strane, ali još uvijek malo vlažna u sredini.
d) Ohladite na rešetki oko 10 minuta prije rezanja na kriške. Poslužite ukrašeno nasjeckanim vlascem i crvenom paprikom narezanom na kockice.

## 30. Zlatni tart od ananasa i sira

Prinos: 12 porcija

## Sastojak
- 2 šalice neprosijanog brašna
- ¼ žličice soli
- ½ žličice praška za pecivo
- ⅔ šalice maslaca ili margarina
- ⅓ šalice šećera
- 2 žumanjka
- 2 žlice vrhnja
- ½ žličice naribane kore limuna
- 8 unci zdrobljenog ananasa
- 4 žlice maslaca ili margarina
- ⅔ šalice šećera
- 16 unci krem sira, omekšali
- 1 žumanjak
- ¼ šalice gustog vrhnja
- ½ šalice zlatnih grožđica
- 1 žličica naribane kore limuna

## Upute
**Tijesto:**
a) U veliku zdjelu prosijte brašno, sol i prašak za pecivo. Miješalicom za tijesto izrežite na ⅔ c. maslac dok smjesa ne nalikuje grubim mrvicama. Dodajte šećer, 2 žumanjka, vrhnje i koricu limuna. Miješajte rukama samo dok se smjesa ne sjedini. Pobrašnite i mijesite oko 2 minute, stavite tijesto u hladnjak na voštani papir 30 minuta.
b) Ocijedite ananas, zagrijte pećnicu na 350 stupnjeva F. Podmažite 10-inčnu tavu s oprugom. Uklonite stranu posude.

**punjenje:**
c) U srednjoj posudi tucite maslac, šećer i krem sir velikom brzinom dok se ne pomiješaju. Dodajte žumanjak i vrhnje.

Umiješajte ananas, grožđice i koricu limuna. Staviti na stranu.

d) Stavite ¾ tijesta za pecivo na dno kalupa za pečenje. Razvaljajte tijesto da stane u posudu. Pecite 12 minuta ili dok ne porumeni; cool. Zamijenite stranu posude s oprugom. Nadjev sipati u pleh – ravnomjerno rasporediti.

e) Gornji dio nadjeva ukrasite preostalim tijestom.

f) Pecite 40 minuta ili dok ne porumene. Ohladite 10 minuta. Pospite slastičarskim šećerom. Poslužite toplo ili sobne temperature. Čuvati u hladnjaku.

# 31. Tart od grožđa i ribiza sa fontina sirom

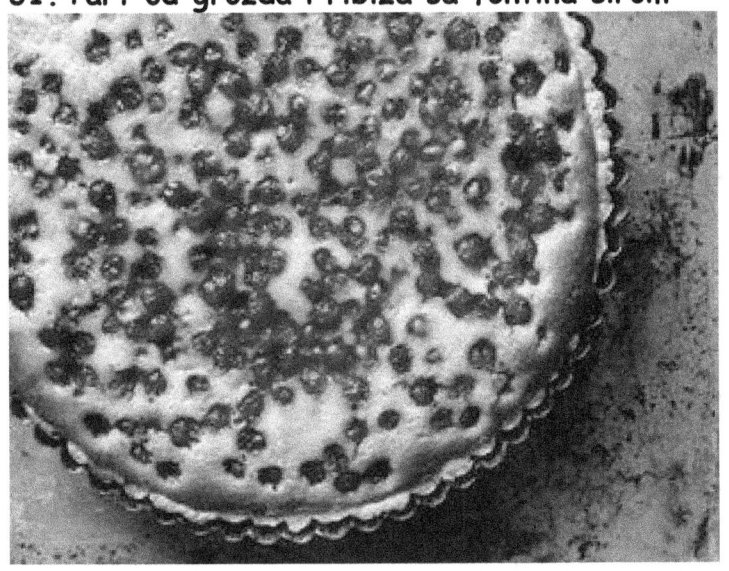

Prinos: 8 porcija

**Sastojak**

- ½ šalice kipuće vode
- ¼ šalice sušenog ribiza
- 6 kriški bijelog kruha 3/4 unce svaka kriška
- Sprej za kuhanje povrća
- 1½ šalice obranog mlijeka; podijeljena
- 1¼ šalice sira fontina narezanog na kockice 5 unci
- 1¼ šalice crvenog grožđa bez sjemenki; prepolovljena
- 2 žlice višenamjenskog brašna
- ⅓ šalice šećera
- 2 žlice žutog kukuruznog brašna
- 1 žličica naribane korice limuna
- 3 bjelanca; lagano tučen
- 1 jaje; lagano tučen
- 1 žličica ekstra djevičanskog maslinovog ulja
- 1 žlica šećera
- 2 žličice nasjeckanog svježeg ružmarina

**Upute**
a) Zagrijte pećnicu na 350 stupnjeva.
b) Kombinirajte kipuću vodu i ribizle; ostaviti da odstoji 15 minuta. Ocijedite i ostavite sa strane. Odrežite kore s kruha; baciti kore.
c) Svaku krišku narežite na 4 trokuta; stavite trokute u jednom sloju u posudu za quiche od 10 inča premazanu sprejom za kuhanje. Prelijte kruh s ½ šalice mlijeka; ostaviti da odstoji 5 minuta. Na vrh stavite ribizle, sir i grožđe.
d) Stavite brašno u zdjelu i postupno dodajte preostalu 1 šalicu mlijeka, miješajući žičanom pjenjačom dok se ne sjedini.
e) Umiješajte ⅓ šalice šećera, kukuruznu krupicu, limunovu koricu, snijeg od bjelanjaka i jaje; prelijte tartom. Prelijte tart uljem i pospite 1 žlicom šećera i ružmarinom.
f) Pecite 45 minuta ili dok se ne stegne; ostavite da se ohladi na rešetki

## 32. Torta od guava sira

Prinos: 4 porcije

## Sastojak
- 6 unci (3/4 šalice) krem sira, na sobnoj temperaturi
- 1 litra šalice naribanog panela ili suhog domaćeg sira
- 2 (1/2-funta) komada lisnatog tijesta, svaki izrezan na a
- Krug od 12 inča.
- 1 jaje, lagano tučeno
- ⅔ šalice paste od guave ili drugog voćnog džema ili pirea pomiješanog s 1/4 šalice svježe iscijeđenog soka od limete
- 1 žlica gustog vrhnja

## Upute
a) Krem sir i panelu ili domaći sir stavite u zdjelu i dobro promiješajte žlicom.

b) Lim za pečenje obložite papirom za pečenje. Stavite l krugova lisnatog tijesta na lim za pečenje. Premažite rub od 1 inča oko vanjskog ruba s malo tučenog jajeta. Utapkajte smjesu sira u krug od 8 inča u sredini i ravnomjerno rasporedite pastu od guave ili džem po vrhu.

c) Preostali dio lisnatog tijesta preklopite na pola i stavite preko prvog dijela. Razvijte tijesto kako biste obuhvatili nadjev, pazeći da ispod ne ostane zrak. Nježno pritisnite gornji i donji rub zajedno i ostavite u hladnjaku oko 25 minuta ili dok se tijesto potpuno ne ohladi.

d) Izvadite iz hladnjaka. Radeći oko 1½ inča izvana, čvrsto pritisnite rubove tijesta zajedno sa zupcima vilice da se zatvore. Zatim odrežite višak tijesta, ostavljajući ravnomjeran rub kore od 1 inča koji okružuje nadjev.

e) Oštrim nožem za guljenje izrežite i bacite krug od ¼ inča tijesta iz sredine i istisnite sav zarobljeni zrak. Zatim, praveći plitke rezove, nacrtajte 6 do 8 kružnih linija u spiralnom uzorku od središnje rupe do unutarnjeg ruba zapečaćene kore.

f) Pomiješajte gusto vrhnje s preostalim tučenim jajetom i premažite vrh torte: pokrijte plastičnom folijom i ohladite najmanje 2 sata ili preko noći.
g) Za pečenje zagrijte pećnicu na 450 stupnjeva. Premjestite posudu iz hladnjaka u pećnicu i pecite 15 minuta, ili dok ne napuhne i ne porumeni na vrhu. Smanjite temperaturu pećnice na 350 stupnjeva.
h) Pecite dok žele ne počne mjehuriti i dok donja kora, kada se podigne lopaticom, ne porumeni, 30 do 40 minuta. Ostavite sa strane da se ohladi na rešetki na 15 minuta. Poslužite toplo.

## 33. Torte sa začinskim sirom

Prinos: 24 porcije

**Sastojak**
- ⅓ šalice finih suhih krušnih mrvica ili sitno zdrobljenog zwiebacka
- 8 unci pakiranja krem sira, omekšalog
- ¾ šalice svježeg sira u stilu kreme
- ½ šalice nasjeckanog švicarskog sira
- 1 žlica višenamjenskog brašna
- ¼ žličice zgnječenog osušenog bosiljka
- ⅛ žličice češnjaka u prahu
- 2 jaja
- neljepljivi premaz u spreju
- mliječno kiselo vrhnje (po želji)
- narezane zrele masline bez koštica, crveni kavijar
- pečena crvena paprika

**Upute**

a) Za koru poprskajte dvadeset i četiri čašice za muffine od 1¾ inča neljepljivim sprejom.

b) Pospite krušnim mrvicama ili zdrobljenim zwiebackom na dno i stranice za premazivanje. Protresite posude da uklonite višak mrvica. Staviti na stranu.

c) U maloj zdjeli miksera pomiješajte krem sir, svježi sir, švicarski sir, brašno, bosiljak i češnjak u prahu. Miješajte električnom miješalicom na srednjoj brzini samo dok ne postane pjenasto. Dodajte jaja; tucite na maloj brzini samo dok se ne sjedini. Nemojte pretjerivati.

d) Svaku posudicu za muffine obloženu mrvicama napunite 1 žlicom smjese od sira. Pecite u pećnici zagrijanoj na 375 stupnjeva F 15 minuta ili dok središta ne postanu čvrsta. (Torte će se napuhnuti tijekom pečenja, a zatim će se ispuhati dok se ohlade.) Ohladite u posudama na rešetkama 10 minuta. Izvadite iz kalupa.

e) Temeljito ohladite na rešetkama.
f) Za posluživanje premažite vrhove kiselim vrhnjem. Ukrasite maslinama, kavijarom, vlascem i/ili crvenom paprikom i izrezima maslina. Pravi 24 torte.
g) ZA HLAĐENJE: Pecite i ohladite kolače prema uputama, osim što ih nemojte premazati kiselim vrhnjem ili ih ukrasiti. Pokrijte i ohladite u hladnjaku do 48 sati. Pustite kolače da odstoje na sobnoj temperaturi 30 minuta prije posluživanja. Premažite kiselim vrhnjem i ukrasite po uputama.
h) ZA ZAMRZAVANJE: Pecite i ohladite torte prema uputama, osim što ih nemojte mazati kiselim vrhnjem ili ukrašavati. Zamrznite torte, nepokrivene, na rešetki oko 1 sat ili dok se ne stvrdnu.
i) Prebacite u posudu ili vrećicu za zamrzavanje. Zatvorite, označite i stavite u zamrzivač. Za odmrzavanje, labavo pokriveno ostavite stajati na sobnoj temperaturi oko 2 sata ili u hladnjaku preko noći. Premažite kiselim vrhnjem i ukrasite po uputama.

## 34. Mediteranski kolač od sira

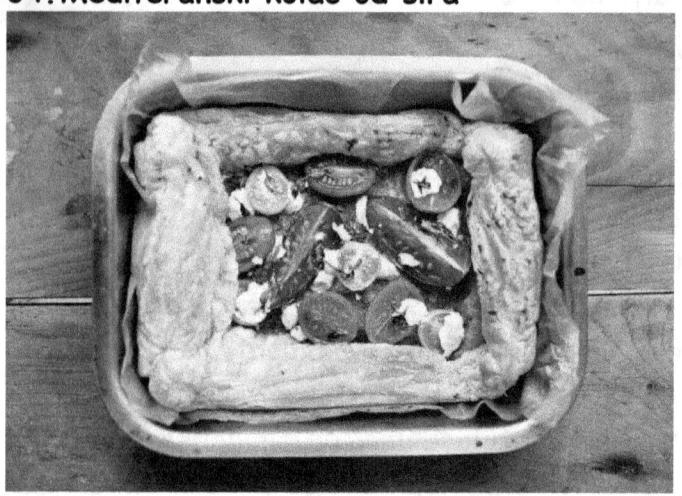

Prinos: 12 porcija

## Sastojak
- 8 listova smrznutog filo tijesta; odmrznuti
- ¼ šalice maslaca; rastopljeni
- ¼ šalice parmezana; naribana
- ½ šalice luka; nasjeckana
- 1 žličica svježeg ružmarina; odsječen
- ¼ žličice osušenog ružmarina, zdrobljenog)
- 1 žlica maslinovog ulja
- 5 unci smrznutog nasjeckanog špinata; odmrznuti
- ⅓ šalice prženih pinjola ili oraha
- 1 jaje
- 1 šalica Ricotta sira
- ½ šalice feta sira; mrvilo se
- ¼ šalice pakiranja ulja sušene rajčice; ocijeđeno
- ¼ žličice krupno mljevenog papra
- 1 žlica parmezana; naribana

## Upute
a) Otklopiti filo; prekrijte plastičnom folijom ili vlažnim ručnikom da se ne osuši. Na suhu radnu površinu stavite jedan list filo; premažite maslacem.
b) Prekrijte drugim listom filo, premažite maslacem i pospite 1 žlicom parmezana. Ponovite s preostalim listovima filo, maslacem i parmezanom. Pomoću kuhinjskih škara izrežite filo u krug od 11 inča.
c) Lagano ravnomjerno rasporedite filo u pripremljenu posudu, nabravši po potrebi i pazeći da ne potrgate filo. Pokrijte posudu vlažnim ručnikom; Staviti na stranu.
d) Za punjenje: kuhajte luk i ružmarin na maslinovom ulju u srednjoj tavi dok luk ne omekša. Umiješajte špinat i pinjole (ili orahe).

e) Raširite u kalup obložen filom. Staviti na stranu.
f) Lagano istucite jaje u srednjoj posudi za miješanje. Umiješajte ricottu, fetu, rajčice i papar. Pažljivo rasporedite po smjesi od špinata. Pospite 1 žlicom parmezana.
g) Postavite opružni kalup na plitku posudu za pečenje na rešetku pećnice. Pecite u pećnici zagrijanoj na 350°C 35 do 40 minuta ili dok sredina ne postane gotovo stvrdnuta kada se protrese.
h) Ohladite tart u kalupu na rešetki 5 minuta. Olabavite stranice posude. Ohladite još 15 do 30 minuta. Prije posluživanja uklonite stijenke tepsije s oprugama. Poslužite toplo.

## 35. Neskupljajuća ljuska slatkog kolača

Dovoljno za jednu koru za tart od 9 inča

## Sastojci
- 1 1/2 šalice višenamjenskog brašna
- 1/2 šalice slastičarskog šećera
- 1/4 žličice soli
- 1 štapić plus 1 žlica neslanog maslaca, narezanog na male komadiće
- 1 veliko jaje

## Upute
a) Pomiješajte brašno, šećer i sol u zdjeli kuhinjskog procesora. Pospite komadiće maslaca preko suhih sastojaka i miješajte dok maslac ne bude grubo izrezan.

b) Umiješajte žumanjak, samo da se razbije, i dodajte ga malo po malo, pulsirajući nakon svakog dodavanja.

c) Kada je jaje unutra, obrađujte ga u dugim impulsima—oko 10 sekundi svaki—dok tijesto, koje će izgledati zrnato ubrzo nakon dodavanja jaja, ne stvori grudice i zgrušavanje. Neposredno prije nego što dođete do ove faze, promijenit će se zvuk stroja koji obrađuje tijesto – glavu gore.

d) Izbacite tijesto na radnu površinu i, vrlo lagano i štedljivo, umijesite tijesto samo da uključi sve suhe sastojke koji su možda izbjegli miješanje. Ohladite tijesto, umotano u plastiku, oko 2 sata prije valjanja.

e) Za valjanje tijesta: premažite maslacem rebrastu posudu za tart od 9 inča s dnom koje se može ukloniti. Ohlađeno tijesto razvaljajte na pobrašnjenom listu papira za pečenje na 12 inča, povremeno podižući i okrećući tijesto da se oslobodi papira. (Alternativno, ovo možete razvaljati između dva komada plastike, ali svejedno malo pobrašnite tijesto.)

f) Koristeći papir kao pomoć, pretvorite tijesto u kalup za torte promjera 9 inča s dnom koje se može ukloniti; odlijepiti papir. Zatvorite sve pukotine u tijestu. Obrežite prevjes na 1/2 inča. Presavijte prevjes tako da stranice budu dvostruko deblje. Izbodite koru svuda vilicom.

g) Alternativno, možete utisnuti tijesto čim se obradi: ravnomjerno ga utisnite po dnu i gore po stranicama ljuske za tart. Želite pritisnuti dovoljno jako da komadići prianjaju jedan uz drugi, ali ne toliko da izgubi svoju mrvičastu teksturu.

h) Zamrznite koru najmanje 30 minuta.

i) Za potpuno ili djelomično pečenje kore: Centrirajte rešetku u pećnici i prethodno zagrijte pećnicu na 375 stupnjeva F. Premažite maslacem sjajnu stranu komada aluminijske folije (ili upotrijebite neljepljivu foliju) i postavite foliju, stranom namazanom prema dolje, čvrsto uz kora.

j) A evo najboljeg dijela: budući da ste koru zamrznuli, možete je peći bez utega. Kalup za tart stavite u pleh i pecite koru 20 do 25 minuta.

k) Pažljivo uklonite foliju. Ako se kora napuhnula, lagano je pritisnite stražnjom stranom žlice. Pecite koru još oko 10 minuta da se potpuno ispeče ili dok ne postane čvrsta i zlatnosmeđa, pri čemu je važna riječ smeđa: blijeda korica nema puno okusa.

l) Prebacite tepsiju na rešetku i ohladite koru na sobnoj temperaturi.

## 36. Ljuske za tart od sira

Prinos: 4 porcije

## Sastojci
- ½ šalice povrća
- 5 unci američkog sirnog namaza; 1 staklenka
- 1½ šalice nebijeljenog brašna

## Upute
a) Pomiješajte mast i sirni namaz u srednjoj zdjeli. Narežite brašno u smjesu sira s dva noža dok se dobro ne sjedini. Oblikujte valjak promjera 1¼ inča i duljine 12 inča. Potpuno zamotajte u voštani papir ili plastičnu foliju. Stavite u hladnjak na 1 sat ili duže. Zagrijte pećnicu na 375 stupnjeva F. Izvadite tijesto iz hladnjaka i odmotajte. Narežite debljine ⅛-inča. Koristeći 12 (2 ¾-inča) posuda za muffine ili 3-inčne posude za torte, stavite 1 krišku tijesta na dno svake. Preklopite 5 kriški s vanjske strane svake.

b) Nježno pritisnite zajedno. Probušite dno i stranice vilicom. Pecite 18 do 20 minuta u prethodno zagrijanoj pećnici dok lagano ne porumene. Ohladite u posudama na rešetki i nježno uklonite ljuske kada su hladne na dodir.

## 37. Kora od kukuruznog brašna

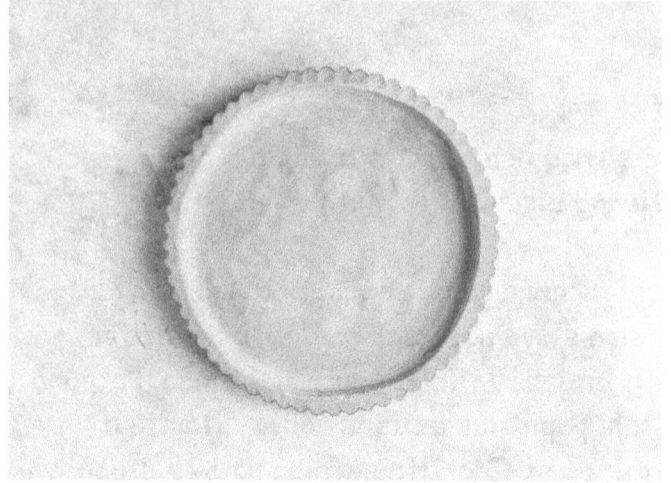

Prinos: 1 porcija

**Sastojak**
- 2½ šalice kukuruznog brašna
- 1 žličica soli
- 1 štapić hladnog neslanog maslaca; izrezati na komade
- 6 žlica krutog biljnog masti; hladna
- 5 žlica ledene vode

**Upute**

a) Pomiješajte brašno i sol u zdjeli za miješanje. Rukama umiješajte maslac i mast u brašno, dok smjesa ne nalikuje grubim mrvicama. Pošpricajte ledenu vodu preko smjese 1 ili 2 žlice odjednom. Skupite tijesto u kuglu. Okrenite tijesto na pobrašnjenu površinu.

b) Koristeći petu ruke zamijesite tijesto, to će pomiješati maslac i mast i učiniti tijesto ljuskavijim. Stavite u hladnjak na 30 minuta. Razvaljajte tijesto na pobrašnjenoj površini u krug promjera 14 inča i debljine ⅛ inča.

c) Lagano preklopite krug tijesta na pola, a zatim ponovno na pola tako da ga možete podići bez da ga potrgate, i razvijte u kalup za tart od 9 inča.

**38. Školjke za kolač slobodnog oblika**

Prinos: 4 porcije

## Sastojak
- 1 jaje pomiješano s 1 žličicom vode
- $\frac{1}{4}$ šalice granuliranog šećera
- 1 šalica brašna
- $\frac{1}{4}$ žličice soli
- $\frac{1}{8}$ žličice praška za pecivo
- 8 žlica neslanog maslaca

## Upute
a) U sjeckalici pomiješajte šećer, brašno, sol, prašak za pecivo.
b) Kada se dobro sjedini, dodajte maslac i pulsirajte stroj dok se maslac ne razbije u smjesu brašna. Dodajte jaje i vodu i miješajte dok tijesto ne postane tijesto.
c) Prebacite tijesto na voštani papir; utapkajte ga (ako je potrebno pobrašnjenim rukama) u ravni krug i stavite u hladnjak na 30 do 45 minuta ili dok se ne opusti i možete ga razvaljati.
d) Podijelite tijesto na otprilike 8 jednakih dijelova. Na lagano pobrašnjenoj dasci razvaljajte komade dok ne budu deblji od 1/8 inča. Umjesto da ih stavljate u školjke za tartlete i prethodno ih pečete, jednostavno ih oblikujte u grube okrugle (3 inča ili $3\frac{1}{2}$ inča okrugle) ili ih izrežite u srca ili pravokutnike.
e) Prebacite slobodne oblike na lim za pečenje i ohladite 20 minuta dok prethodno zagrijete pećnicu na 400 stupnjeva. Ostatke možete oblikovati u manje kolačiće.
f) Izbodite tijesto vilicom (baš kao što biste izbockali donje tijesto u korpi za tartlete) da se tijesto ne napuhne. Pecite 10 do 12 minuta ili dok rubovi ne porumene. Izvadite ih iz pećnice na rešetku i ostavite da se ohlade. Kad se potpuno ohladi prelijte čime god želite.

## 39. Kora od čokolade

# PRAVI 1 (10 INČA) KORA ZA PITU
## Sastojci
- ¾ porcije čokoladnih mrvica
- 8 g šećera
- 0,5 g košer soli
- 14 g maslaca, otopljenog

## Upute
a) Mlecite čokoladne mrvice u multipraktiku dok ne postanu pješčane i ne ostanu veće nakupine.
b) Prebacite pijesak u zdjelu i rukama ga pomiješajte sa šećerom i soli. Dodajte otopljeni maslac i umijesite ga u pijesak dok ne bude dovoljno vlažan da ga umijesite u kuglu. Ako nije dovoljno vlažno za to, otopite dodatnih 14 g (1 žlica) maslaca i umijesite ga.
c) Premjestite smjesu u kalup za pite od 10 inča. Prstima i dlanovima čvrsto utisnite čokoladnu koru u kalup, pazeći da su dno i stranice kalupa za pite ravnomjerno prekriveni. Umotane u plastičnu foliju, kore se mogu čuvati na sobnoj temperaturi do 5 dana ili u hladnjaku 2 tjedna.

## 40. Graham kora

PRAVI OKO 340 G (2 ŠALICE)

**Sastojci**
- 190 g mrvica od graham krekera
- 20 g mlijeka u prahu
- 25 g šećera
- 3 g košer soli
- 55 g maslaca, otopljenog
- 55 g gustog vrhnja

**Upute**

a) Rukama pomiješajte graham mrvice, mlijeko u prahu, šećer i sol u srednju zdjelu kako biste ravnomjerno rasporedili suhe sastojke.

b) Pjenasto izmiješajte maslac i vrhnje. Dodajte suhim sastojcima i ponovno promiješajte da se ravnomjerno rasporedi. Maslac će djelovati kao ljepilo, prianjajući na suhe sastojke i pretvarajući smjesu u hrpu malih grozdova. Smjesa bi trebala zadržati oblik ako se čvrsto stisne na dlanu. Ako nije dovoljno vlažno za to, otopite dodatnih 14 do 25 g (1 do 1½ žlica) maslaca i umiješajte ga.

## 41. Mini kolačići

Izrađuje oko 20-22 mini školjke.
**Sastojci**
- 3 šalice višenamjenskog brašna
- 1/8 žličice soli
- 1 1/4 šalice šećera u prahu
- 3 žumanjka
- 2 žličice paste od mahune vanilije ili ekstrakta vanilije
- 2 štapića neslanog maslaca

**Upute**

a) Prosijte brašno i sol. Staviti na stranu.
b) U mikseru opremljenom nastavkom za latice tucite neslani maslac sobne temperature (2 štapića, 226 grama) i šećer u prahu (1 šalica i 1/4 šalice) dok smjesa ne postane glatka. U maloj posudi pjenasto izmiješajte žumanjke (3 žumanjka) i pastu od mahune vanilije ili ekstrakt vanilije (2 žličice). Postupno umiješajte smjesu žumanjaka u umućeni maslac. Ostružite zdjelu nekoliko puta prema potrebi.
c) Na niskoj brzini postupno dodajte mješavinu brašna u smjesu maslaca. Miješajte dok se ne počne spajati. Ako je tijesto previše mrvičasto dodajte 1 žličicu mlijeka. Nemojte previše razraditi tijesto. Preokrenite tijesto na čistu radnu površinu ili u veliku zdjelu i skupite tijesto rukama u kuglu. Zatim tijesto oblikujte u disk, zamotajte u foliju i ohladite 1 do 2 sata
d) Zagrijte pećnicu na 350F.
e) Stavite mini kalupe za torte na lim za pečenje. Poprskajte raspršivačem koji se ne lijepi, ostavite sa strane.
f) Ohlađeno tijesto izvaditi, prerezati na pola. Pustite da omekša 5 minuta. Razvaljajte ga između 2 lista pergamenta ili upotrijebite Dough EZ Mat. Razvaljajte ga pomoću vodilica za valjanje od 1/8 inča.
g) Izrežite što više krugova možete. Skupite ostatke i ponovno ih razvaljajte. Oblikujte kolače kao što je prikazano na slikovnom vodiču/video zapisu. Vilicom izbodite dno školjki. Pecite na 350F 12-14 minuta dok rubovi ne porumene.

## 42. Francuska slatka kora

Porcije 1 školjka za kolač

**Sastojci**
- 1 1/2 šalice brašna, običnog/za sve namjene
- 6 1/2 žlica mekog šećera u prahu
- 2 1/2 žlice brašna od badema
- 1/4 žličice soli
- 100g / 7 žlica maslaca, neslanog, omekšalog, izrezati
- 1 veće jaje, sobne temperature

**Upute**
a) Pomiješajte brašno, šećer u prahu, sol i brašno od badema u zdjeli.
b) Dodajte maslac: vršcima prstiju utrljajte maslac u suhe sastojke dok ne postane poput krušnih mrvica.
c) Dodajte jaje: miješajte gumenom lopaticom dok ne postane pretvrdo za miješanje, a zatim ga rukama sjedinite u tijesto.
d) Pomiješajte tijesto: Izbacite tijesto na radnu površinu, zatim ga mijesite da se sjedini u glatku kuglu. Spljoštite u disk debljine 2 cm / 0,8" Zamotajte prozirnom folijom i stavite u hladnjak na 30 minuta.
e) Ohlađeno tijesto razmotati. Stavite na lagano pobrašnjenu radnu površinu.
f) Razvaljajte u krug od 32 cm / 13 inča (debljine 3 mm / 1/8 inča).
g) Obložite kalup za tortu: tijesto lagano razvaljajte na valjak. Zatim ga lagano razmotajte preko kalupa za tart.
h) Prilagođeno tijesto: Namjestite tijesto da stane u kalup za torte, prianjajući u kut, pazeći da se ne rasteže (uzrokuje skupljanje tijekom pečenja).
i) Odrežite višak tijesta: Oklagijom pređite preko kalupa za tart kako biste obrezali višak tijesta. Slikani kalup za torte je 24 x 3 cm / 9,5 x 1,2" - možete koristiti bilo koji do ove veličine.
j) Podlogu tijesta izbodite 30 puta vilicom. Ne do kraja - samo lagano ubodite površinu.
k) Ohladite tijesto u kalupu za torte 30 minuta.

## 43. Školjke torte od krem sira

Porcije: 24

## Sastojci
- 3 unce krem sira, omekšalog
- ½ šalice maslaca, omekšalog
- 1 šalica višenamjenskog brašna

## Upute
a) Pomiješajte krem sir i maslac ili margarin. Umiješajte brašno samo dok se ne sjedini. Ohladite oko 1 sat. Ovo se može napraviti unaprijed i ohladiti do 24 sata.
b) Zagrijte pećnicu na 325 stupnjeva F (165 stupnjeva C).
c) Oblikujte tijesto u 24 kuglice od jednog inča i utisnite u nepodmazane 1 1/2-inčne čašice za muffine (veličina mini muffina) kako biste napravili plitku školjku. Napunite omiljenim nadjevom i pecite 20 minuta, odnosno dok korica ne porumeni.

## 44. Ljuske za tartlete od oraha

**Sastojci**
- 2 šalice višenamjenskog brašna, plus još za razvlačenje tijesta
- 1/4 žličice soli
- 1/2 šalice oraha
- 3/4 šalice (1 1/2 štapića) neslanog maslaca, ohlađenog i narezanog na male komadiće

**Upute**
a) U zdjelu multipraktika stavite brašno, sol i orahe. Pusirajte dok orasi ne budu sitni, ali ne fini. Dodajte maslac i miksajte dok smjesa ne nalikuje malom grašku, oko 15 sekundi.
b) Dok stroj radi, dodajte 1/4 šalice ledene vode kroz dovodnu cijev. Pulsirajte dok se tijesto ne počne skupljati kada ga pritisnete prstima. Ako je mrvičasto, dodajte još 2 žlice vode, 1 žlicu odjednom.
c) Tijesto oblikujte u kuglu. Spljoštite u disk i zamotajte u plastiku. Premjestite u hladnjak i ohladite najmanje 1 sat.
d) Stavite dvadeset četiri posude za tartlete od 2 inča na lim za pečenje. Čistu radnu površinu lagano pospite brašnom. Razvaljajte tijesto na debljinu od 1/8 inča. Nožem za guljenje izrežite tijesto na dvadeset i četiri kvadrata malo veća od kalupa. Utisnite tijesto u kalupe i odrežite tijesto koje se nalazi iznad. Stavite drugu tavu za tartlete na vrh svake obložene tepsije, otežajte tijesto. Hladite još 30 minuta.
e) Zagrijte pećnicu na 375 stupnjeva. Pecite školjke dok lagano ne porumene na rubovima, oko 10 minuta. Uklonite gornje posude i nastavite peći dok se ne ispeče i ne porumeni, još 12 do 15 minuta. Okrenite školjke i prebacite ih na rešetke da se ohlade. Školjke čuvajte u hermetički zatvorenoj posudi do 3 dana.

## 45. Phyllo Tart školjke

POSLUŽIVANJE: 12

**Sastojci**
- 1 pakiranje smrznutog filo tijesta (1 rola) odmrznuto
- 1/2 štapića maslaca, otopljenog

**Upute**
a) Zagrijte pećnicu na 375.
b) rasporedite filo tijesto na dasku za rezanje. Kotačićem za pizzu izrežite je na šest kvadrata. Pokrijte vlažnim (skoro suhim) papirnatim ručnikom.
c) Premažite dva kalupa za muffine iznutra otopljenim maslacem.
d) Otkrijte 1 hrpu kvadrata. Premažite jedan list otopljenim maslacem i stavite u kalup za muffine i utrljajte. Ponovite ovo s pet listova. Nastavite dok ne napunite sve kalupe za muffine.
e) Pecite u pećnici zagrijanoj na 375 stupnjeva 8 minuta ili dok ne porumene.

## 46. Torta od prhkog tijesta

# PRINOS: JEDNA KORA ZA TART OD 10 INČA

## Sastojci
### Za tijesto
- 12 žlica (168 grama) hladnog maslaca, narezanog na kockice
- ⅔ šalice (75 grama) šećera u prahu
- 2 žumanjka
- 2 šalice (240 grama) višenamjenskog brašna

### Za pranje jaja (po želji)
- 1 jaje
- 1 žlica vode

## Upute
a) Stavite maslac, šećer u prahu i žumanjke u zdjelu procesora hrane opremljenog oštricom.
b) Miješajte dok se ne sjedini, ali još uvijek prošarano maslacem.
c) Dodajte brašno i pokrenite mašinu dok se tijesto ne sjedini kada ga uhvatite prstima.
d) Okrenite tijesto na veliki komad pergamenta, premijesite nekoliko puta da se sve sjedini i oblikujte ga u obliku diska.
e) Dobro zamotajte u pergament i ohladite oko pola sata.
f) Zagrijte pećnicu na 350°F s rešetkom u sredini.
g) Izvadite tijesto iz hladnjaka i ostavite ga na radnoj plohi 15 minuta.
h) Radnu površinu i površinu tijesta pospite malo brašnom. Razvaljajte tijesto valjkom za tijesto u krug od otprilike 12 inča.
i) Vrlo pažljivo premjestite tijesto u kalup za tart od 10 inča s dnom koje se može ukloniti, lagano pritiskajući tijesto tako da čvrsto prilegne uz dno i stranice posude. Donji dio ljuske izbodite po cijeloj vilicom. Stavite sve na lim za pečenje.

j) Stavite komad papira za pečenje preko ljuske, pazeći da prekrijete rubove. Pospite dosta sušenog graha ili utega za pite preko pergamenta, pokrivajući cijelo dno ljuske za kolač.
k) Pecite 15 minuta na ovaj način, a zatim uklonite pergament i grah.
l) Ako želite tart oprati jajima, umutite jaje i vodu zajedno s vilicom u maloj posudi. Premažite ljusku s malo vode od jaja. (Ostat će vam dosta i možete ga iskoristiti za pripremu kajgane ako želite.)
m) Vratite ljusku u pećnicu na najmanje dodatnih 10 minuta. Ako ćete koristiti potpuno kuhani nadjev, pecite dok ljuska nije potpuno kuhana, vjerojatno oko 15 minuta. Ako se rubovi počnu previše bojati, možete ih malo prekriti folijom. Ako ćete nadjev kuhati u ljusci, dodajte ga nakon 10 minuta.
n) Izvadite iz pećnice i potpuno ohladite prije punjenja.

# 47. Kora za kolač bez jaja

POSLUŽIVANJE: 1 – 9 ili 9,5 inča kolača za kolače

**Sastojci**
- 1 1/4 šalice 175 g višenamjenskog brašna
- 1/3 šalice 40 g slastičarskog šećera
- 1/4 žličice košer soli
- 1/2 šalice 115 g neslanog maslaca, hladnog i narezanog na kockice
- 1 žlica 15 ml evaporiranog mlijeka
- 2 žličice 10 ml gustog vrhnja
- 1 žličica 5 ml čistog ekstrakta vanilije

**Upute**
Napravite tijesto:
a) Stavite brašno, šećer i sol u zdjelu procesora hrane, samostojećeg miksera ili srednje velike zdjele za miješanje; puls za kombiniranje.
b) Dodajte nasjeckani maslac i miješajte u kratkim naletima dok smjesa ne nalikuje grubom brašnu ili finim krušnim mrvicama.
c) Dok motor radi, dodajte evaporirano mlijeko, vrhnje i vaniliju i obrađujte/miješajte/miješajte dok se tijesto ne skupi u kuglu i čisto odvoji od stijenki zdjele.
d) Ručno: Pomiješajte suhe sastojke u velikoj zdjeli. Zatim pomoću rezača za tijesto ili dva noža izrežite maslac u mješavinu brašna dok tekstura ne podsjeća na grubo kukuruzno brašno. Zatim dodajte mokre sastojke i miješajte vilicom dok se tijesto ne sjedini.
e) Okrenite tijesto na lagano pobrašnjenu površinu. Pomiješajte tijesto i poravnajte ga u obliku posude. Zamotajte u plastičnu foliju i stavite u hladnjak na 1 sat.
f) Na lagano pobrašnjenoj površini razvaljajte tijesto. Ako je tijesto premekano, vratite ga u hladnjak.

g) Pobrašnite valjak, labavo razvaljajte tijesto oko njega, a zatim ga odmotajte u kalup za tart.
h) Prstima ga uvucite i nježno ravnomjerno tapkajte tijesto po dnu i stranicama kalupa za tart umjesto da ga povlačite ili rastežete. Po potrebi zatvorite sve pukotine u tijestu. Višak tijesta odrežite oštrim nožem ili valjkom za tijesto valjanjem po kalupu za tart.
i) Vilicom nekoliko puta nježno izbockajte podlogu. Pokrijte kalup za tart plastičnom folijom i stavite u zamrzivač dok se ne stegne, oko 30 minuta.
j) Zagrijte pećnicu na 400° F (200° C).
k) Ohlađenu koru za tart obložite duplim slojem pergament papira ili aluminijske folije. Napunite koru utezima za pite (ili sušenim grahom, nekuhanom rižom, penijama, itd.). Provjerite jesu li ravnomjerno raspoređeni po cijeloj površini.

**Peći:**
l) Pecite na 400° F (200° C) 15 – 18 minuta, ili dok se rubovi ne postave i dok se papir/folija više ne lijepe za tijesto. Zatim OPREZNO izvadite koru za tart iz pećnice. Uklonite utege i papir.
m) Za djelomično pečenje kore: Nakon uklanjanja utega pecite još 5 minuta.
n) Za potpuno pečenje kore: Nakon uklanjanja utega, pecite još oko 10 – 12 minuta ili dok ne postane zlatna i hrskava. Prebacite na rešetku i ostavite da se potpuno ohladi.
o) Neka se kora za tart ohladi prije filovanja; to će pomoći da kora ostane hrskava nakon punjenja.

## 48. Kora za kolač od cjelovitog zrna pšenice

Prinos: kolač od 9 inča

## Sastojci
- ¾ šalice margarina
- 1 ½ šalice integralnog pšeničnog brašna
- ½ žličice soli
- 4 žlice ledene vode, ili po potrebi

## Upute
a) Zagrijte pećnicu na 350 stupnjeva F (175 stupnjeva C).
b) U posudu od nehrđajućeg čelika stavite margarin. Miješajte električnom miješalicom opremljenom s lopaticom na niskoj brzini dok lagano ne omekša. Ulijte brašno i sol; nastavite miješati na niskoj brzini da se sjedini. Postupno ulijevajte ledenu vodu dok se ne formira tijesto.
c) Podijelite tijesto na pola. Zamotajte jedan dio tijesta u plastiku i stavite u hladnjak za kasniju upotrebu. Drugi dio tijesta razvaljajte na lagano pobrašnjenoj površini lagano pobrašnjenim valjkom za tijesto. Kalup u kalup za tart od 9 inča. Podlogu tijesta ravnomjerno izbodite vilicom.
d) Pecite u prethodno zagrijanoj pećnici dok korica lagano ne porumeni, 10 do 15 minuta.

## 49. Tart od tartufa s espresso umakom

Prinos: 1 porcija
**Sastojak**
- 1½ šalice čokoladnih vafel mrvica
- 6 žlica slatkog maslaca
- punjenje:
- 12 unci poluslatke čokolade
- ½ šalice gustog vrhnja
- 1 štapić slatkog maslaca,
- Narezati na komade i omekšati
- 2 žlice Kahlua likera
- 1 prstohvat soli

**Umak:**
- ½ šalice vrhnja za šlag
- 4 žlice šećera
- ¼ šalice maslaca
- 1 žličica fino mljevenog Expresso
- 1 žličica kave

**Upute**

a) Fine čokoladne napolitanke zdrobite ili sameljite u multipraktiku. Otopiti maslac i izmiksati u mrvice. Utapkajte u kalup za torte ili pite. Ohladiti dok se ne stegne prije punjenja ili peći na 300 stupnjeva 15 minuta, ohladiti i puniti.

b) Punjenje: U velikom loncu pomiješajte čokoladu, vrhnje, maslac i Kahlua i zagrijte smjesu na umjereno laganoj vatri, miješajući dok ne postane glatka. Maknite s vatre, ostavite da se ohladi 30 minuta na sobnoj temperaturi.

c) Ulijte u ohlađenu koru za tart i ostavite u hladnjaku najmanje 3 sata.

d) Umak: U loncu pomiješajte vrhnje, šećer i maslac. Kuhajte na laganoj vatri uz često miješanje dok smjesa ne zavrije. Kuhajte 5 minuta uz povremeno miješanje. Maknite s vatre. Umiješajte expresso talog.

e) Za posluživanje žlicom nalijte umjerenu količinu toplog umaka na tanjur s rubom. Vrh stavite kriškom kolača.

## 50. Kolač od tamne čokolade s koricom od đumbira

Za 10 porcija

**Kora:**
- 8 unci đumbirovih kolačića (oko 32 kolačića), grubo izlomljenih 1/4 šalice (1/2 štapića) slanog maslaca, otopljenog

**punjenje:**
- 12 unci gorko-slatke čokolade, sitno nasjeckane
- 1 šalica jakog vrhnja za šlag
- 2 velika žumanjka
- 1 veliko jaje
- 1/4 šalice šećera
- 1 žlica višenamjenskog brašna
- 1/8 žličice svježe mljevenog crnog papra
- Prstohvat soli
- 1/4 žličice cimeta
- Nježno tučeno vrhnje, za posluživanje

**Upute**
**Za koru:**
a) Zagrijte pećnicu na 325°F. Fino sameljite đumbirove kekse u procesoru (dobivši 1 1/2 do 1 2/3 šalice). Dodajte rastopljeni maslac i obradite dok ne postane vlažan. Čvrsto pritisnite smjesu mrvica na dno i gornju stranu kalupa za tart promjera 9 inča s dnom koje se može ukloniti. Stavite posudu na obrubljeni lim za pečenje.

**Za punjenje:**
b) Pomiješajte sitno nasjeckanu gorku čokoladu i jako vrhnje za šlag u teškoj srednjoj tavi. Miješajte na laganoj vatri dok se čokolada ne otopi i postane glatka. Uklonite lonac s vatre. Žumanjke, jaje, šećer, brašno, mljeveni crni papar, sol i cimet pjenasto izmiješajte u srednjoj zdjeli. Vrlo postupno

umiješajte čokoladnu smjesu u smjesu jaja dok ne bude glatka i izmiješana. Čokoladni fil sipati u koru.

c) Pecite čokoladni kolač dok se nadjev malo ne napuhne na rubovima i dok se sredina ne stegne, oko 30 minuta. Prebacite na stalak. Ohladite tart u kalupu 20 minuta. Nježno uklonite stranice kalupa za tart i potpuno ohladite tart.

d) Tart narežite na tanke kriške i poslužite s nježno tučenim vrhnjem. Ostavio bih ga nezaslađenog, ali to je samo osobni ukus.

## 51. Čokoladni brownie tart

Prinos: 10 porcija

## Sastojak
- 1 šalica brašna (višenamjenskog)
- ¼ šalice čvrsto upakiranog svijetlosmeđeg šećera
- 1 unca čokolade; nezaslađeno, ribano
- ½ šalice maslaca; izrezati na komade od 1/2 inča, dobro ohlađene
- 2 žlice mlijeka
- 1 žličica vanilije
- 3 unce nezaslađene čokolade
- 3 unce poluslatke čokolade
- ½ šalice maslaca; sobne temperature, narezati na komade
- 1½ šalice šećera
- 3 jaja; istući da se pomiješa
- 2 žličice vanilije
- ½ šalice sjeckanih oraha
- ¾ šalice višenamjenskog brašna
- 4 unce poluslatke čokolade; rastopljeni
- ¼ maslaca; sobna temperatura
- 2 žličice biljnog ulja

## Upute
### Za pecivo:
a) Pomiješajte brašno, smeđi šećer i naribanu čokoladu u velikoj zdjeli. Narežite maslac dok smjesa ne nalikuje grubom brašnu. Vilicom umiješajte mlijeko i vaniliju dok se ne sjedine. Utapkajte tijesto na dno i stranice kalupa za torte od 11 inča, pobrašnite vrhove prstiju ako smjesa postane previše ljepljiva.

### Za punjenje:
b) Zagrijte pećnicu na 350 stupnjeva. Rastopite čokolade na vrhu parnog kotla postavljenog iznad vruće vode. Maknite s vatre i umiješajte komad po komad maslaca.

c) Premjestite smjesu u veliku zdjelu. Dodajte šećer i dobro promiješajte; smjesa će biti zrnasta. Dodajte razmućena jaja, trećinu po trećinu, dobro miješajući nakon svakog dodavanja. Umiješajte vaniliju. Umiješajte nasjeckane orahe. Postupno dodajte brašno, dobro miješajući nakon svakog dodavanja. Ulijte u koru od tijesta.

d) Pecite dok se središte ne postavi i tester umetnut u sredinu ne izađe čist, 20 do 25 minuta. Ostavite kolač da se ohladi na rešetki.

**Za glazuru:**

e) Pomiješajte čokoladu, maslac i ulje u velikoj zdjeli i miješajte dok smjesa ne postane glatka. Ohladite do konzistencije koja se može mazati, povremeno miješajući. Glazuru premažite po vrhu tarta. Pustite da odstoji dok se glazura ne stegne. Narežite na kriške za posluživanje.

# 52. Torte s čokoladnim maslacem

Prinos: 12 kolačića

## Sastojak
- 3 kv. gorko-slatka čokolada
- 12 Nepečena med. trpke školjke
- ¾ šalice lagano upakiranog smeđeg šećera
- ¼ šalice kukuruznog sirupa
- 1 jaje
- 2 žlice maslaca; omekšao
- 1 žličica vanilije
- 1 žličica octa
- prstohvat soli
- 1 kv. otopljenu gorku čokoladu

## Upute
a) Svaki od tri kvadrata čokolade nasjeckajte na 16 komada.
b) Stavite 4 komada na dno svake kore za kolač. Pjenasto izmiješajte smeđi šećer, kukuruzni sirup, jaje, maslac, vaniliju, ocat i sol. Žlicom stavite kore za kolače, puneći tri četvrtine.
c) Pecite na 450 stupnjeva 12-14 minuta ili dok se nadjev ne napuhne i postane mjehurić, a tijesto ne postane svijetlo zlatno. Neka se ohladi na rešetkama.
d) Prelijte otopljenom čokoladom.

# 53. Mini kolačići od čokolade i kokosa

Prinos: 36 porcija

## Sastojak
- 1 limenka (14oz) zaslađenog kondenziranog mlijeka
- 2 žlice likera od lješnjaka ili vode
- 2 žlice vode
- 1 pakiranje instant čokolade

### Mješavina za puding
- 1 paket (13 3/4 oz) mekanih makarona
- 1 šalica sitno nasjeckanih pekan oraha
- 2 žlice nezaslađenog kakaa u prahu
- ⅔ šalice vrhnja za šlag

### Kore od kokosa
- Tostirani kokos, po želji
- Šlag, po želji
- ⅓ šalice maslaca ili margarina, otopljenog

## Upute
a) Pomiješajte zaslađeno kondenzirano mlijeko, liker ili vodu i vodu. Dodajte smjesu za puding i kakao prah. Tucite dok ne postane glatko.

b) Pokrijte i ohladite 5 minuta. Istucite ⅔ šalice vrhnja za šlag do mekog vrha; umiješajte u čokoladnu smjesu. Nasipajte u kore od kokosa. Hladiti 2 do 24 sata.

c) Po želji ukrasite šlagom i prženim kokosom.

### Kore od kokosa:
d) Pomiješajte makarone, pekan orahe i maslac. Utisnite 1 žlicu smjese u donju i gornju stranu 36 dobro podmazanih 1¾" posuda za muffine. Pecite u pećnici zagrijanoj na 375 stupnjeva 8-10 minuta ili dok rubovi ne porumene. Ohladite na rešetki.

e) Olabaviti; izvadite iz šalica.

## 54. Tart od čokolade i lješnjaka

Prinos: 8 porcija

**Sastojak**
- 3 žlice kakaa u prahu
- ¼ šalice šećera
- 4 žlice maslaca
- 1 jaje
- 4 unce gorko-slatke ili poluslatke čokolade
- 1/4 t sode bikarbone
- 4 žlice maslaca
- 1 šalica tamnog kukuruznog sirupa
- ½ šalice šećera
- 3 jaja
- 2 žlice tamnog ruma

**Čokoladno tijesto**
- 1 c Nebijeljeni za sve namjene
- Prstohvat soli

**Punjenje**
- 2 c cijelih lješnjaka

**Upute**
a) Prosijite suhe sastojke zajedno tri puta.
b) Utrljajte maslac i navlažite jajetom.
c) Oblikujte disk, zamotajte i ohladite. Kuhanje nadjeva od čokolade i lješnjaka.
d) Stavite lješnjake na posudu za pečenje i tostirajte na 350 stupnjeva F dok se kožica ne olabavi i lako skine, oko 10 minuta. Istrljajte lješnjake u ubrus kako biste uklonili kožicu.
e) Lješnjake krupno nasjeckajte ručno ili kuhačom. Pomiješajte čokoladu s maslacem u maloj posudi. Zakuhajte malu posudu s vodom i ugasite vatru.

f) Zdjelu s čokoladom i maslacem stavite na vruću vodu i miješajte da se otope. Pomiješajte kukuruzni sirup i šećer u malom loncu. Zakuhajte na srednjoj vatri.
g) Maknite s vatre i umiješajte čokoladnu smjesu. Umutiti jaja i sol s rumom po želji. Umutite čokoladnu smjesu, pazeći da ne bude previše. Sastavljanje.
h) Lagano pobrašnite radnu površinu i tijesto. Razvaljajte tijesto na disk promjera 14 inča, debljine $\frac{1}{8}$ inča.
i) Tijestom obložite kalup za tart od 10 inča, odrežući višak.
j) U fil umiješati mljevene lješnjake i fil sipati u pleh. Pečenje. Pecite na 350 stupnjeva F dok se nadjev ne stegne i kora ne zapeče, oko 40 minuta. Držanje. Tortu čuvati na sobnoj temperaturi do 2 dana.

## 55. Čokoladni mascarpone tart od oraha

Prinos: 1 porcija

**Sastojak**
- 1 šalica višenamjenskog brašna
- ¾ šalice granuliranog šećera
- ½ žličice soli
- 1 šalica nezaslađenog alkaliziranog kakaa u prahu
- 6 unci Ohlađeni neslani maslac narezan na komade od 1/2 inča
- 4 velika žumanjka
- 6 unci gorko-slatke čokolade; sitno nasjeckan
- 1 šalica kiselog vrhnja
- 1 šalica gustog vrhnja
- ½ šalice granuliranog šećera; podijeljena
- 2 velika jajeta
- 4 velika žumanjka
- 2 žličice kukuruznog škroba
- 8 unci mascarpone sira
- ¾ šalice gustog vrhnja
- 4 unce pirea od kestena
- ½ šalice slastičarskog šećera
- 1 žličica ekstrakta vanilije

**Upute**
a) U sjeckalici opremljenoj metalnom oštricom za sjeckanje pomiješajte brašno, šećer, sol i kakao prah. Pulsirajte stroj osam do devet puta za miješanje. Raspršite maslac po mješavini brašna i pulsirajte strojem dok se maslac ne ureže u brašno i smjesa ne nalikuje grubom brašnu.
b) Dodajte žumanjke i nastavite s procesom samo uključivanjem/isključivanjem dok se smjesa ne ujednači i dok se čestice ne počnu držati zajedno. Istružite tijesto na

radnu površinu i oblikujte ga u kuglu. Spljoštite ga u disk i zamotajte u plastičnu foliju. Ohladite 1 sat.

c) Postavite rešetku u sredinu pećnice i zagrijte je na 350 stupnjeva F.

d) Ohlađeni disk izvadite iz hladnjaka. Stavite tijesto između dva komada plastične folije i razvaljajte tijesto u mali krug. Podignite i okrenite tijesto za četvrtinu kruga nakon svakog valjanja. Nastavite motati sve dok krug ne bude promjera približno 14 inča i debljine oko $\frac{1}{8}$ inča. Uklonite gornji sloj plastične folije.

e) Pažljivo zarolajte tijesto oko valjaka i premjestite ga u rebrasti kalup za tart od 12 inča s odvojivim dnom. Razvaljajte tijesto u pleh. Podignite rubove tijesta i nježno pritisnite tijesto na dno i gore na stijenke posude. Odrežite sav višak tijesta. Stavite tijesto u hladnjak na 20 do 30 minuta, dok se ne stegne.

f) Pecite tortu 20 do 30 minuta ili dok se ne stegne. Stavite na rešetku i potpuno ohladite.

**Napravite čokoladnu kremu:**

g) Stavite nasjeckanu čokoladu u srednju zdjelu i ostavite sa strane.

h) U nekorozivnom srednjem loncu zakuhajte kiselo vrhnje, vrhnje i $\frac{1}{4}$ šalice šećera na srednje jakoj vatri.

i) U velikoj zdjeli ručnom električnom miješalicom tucite jaja, žumanjke, kukuruzni škrob i preostalih $\frac{1}{4}$ šalice šećera na srednjoj brzini dok ne poblijede. Trećinu vrelog vrhnja umutiti u smjesu od jaja i cijelu smjesu vratiti u tavu.

j) Kuhajte na srednje jakoj vatri uz stalno miješanje pjenjačom 3 do 5 minuta ili dok se ne zgusne. Zgusnutu smjesu preliti preko ostavljene čokolade i miješati dok se ne sjedini.

k) Smjesu ustružite u pripremljenu koru i zagladite vrh gumenom kuhačom. Ohladite u hladnjaku 2 sata.

**Napravite čokoladni mascarpone preljev:**
l)  U zdjeli od 4½ litre snažnog električnog miksera, pomoću nastavka za mućenje, pomiješajte mascarpone, gusto vrhnje, pire od kestena, slastičarski šećer i vaniliju.
m) Tucite srednje velikom brzinom dok ne dobijete mekane vrhove. Stavite smjesu u slastičarsku vrećicu sa srednjim zvjezdastim vrhom i cijevi u obliku školjke koja pokriva vrh ohlađenog tarta.
n)  Ohladite tart 1 sat prije posluživanja.

## 56. Čokoladne minijaturne tortice

Prinos: 50 porcija

**Sastojak**
- 2¼ šalice višenamjenskog brašna
- ¾ šalice margarina
- ⅓ šalice slastičarskog šećera
- ⅔ šalice poluslatkog čokoladnog čipsa
- 2 žlice margarina
- ½ šalice šećera
- ½ šalice kukuruznog sirupa
- 2 jaja
- ¼ šalice oraha oraha, nasjeckanog
- 1 šalica sušenog kokosa

**Upute**
a) Pomiješajte brašno, ¾ šalice margarina i šećer u prahu. Približno 1 žličicu tijesta ravnomjerno pritisnite na dno i stranice nepodmazanih posuda za muffine.
b) Otopite komadiće čokolade i 2 žlice margarina u parnom kuhalu iznad vode koja ključa dok se čips i margarin ne otope; maknuti s vatre. Umiješajte šećer i sirup; umutiti jaja.
c) Žlicom stavite 1 do 2 žličice čokoladne smjese u svaku koru za tart, napunite samo do ¾.
d) Pospite orasima i kokosom. Pecite u prethodno zagrijanoj pećnici na 350 stupnjeva 20 do 25 minuta.
e) Ohladite nekoliko minuta. Vrhom noža pažljivo izvadite iz kalupa za muffine. Potpuno ohladiti. Po želji prelijte tučenim slatkim vrhnjem.

## 57. Tart od čokoladnih tartufa s malinama

Prinos: 6 obroka

**Sastojak**
- 1 šalica brašna, za sve namjene
- ½ šalice šećera, granuliranog
- ½ šalice kakaa u prahu
- 3 unce maslaca; ohlađena
- 1 jaje
- 6 unci poluslatke čokolade; nasjeckana
- 2 šalice vrhnja za šlag
- 3-4 šalice malina

**Upute**
a) ČOKOLADNO PECIVO: U radnoj posudi multipraktika pomiješajte brašno, šećer i kakao. Pulsirajte 2 ili 3 puta da se prozrači. Maslac nasjeckajte na komadiće i rasporedite po brašnu. Obrađujte dok se smjesa ponovno ne sastavi od grubog brašna, NEMOJTE pretjerano obrađivati. Dok motor radi, ubacite cijelo jaje kroz dovodnu cijev. Obradite vrlo kratko - nemojte dopustiti da se tijesto skupi jer će vaše pecivo biti tvrdo. Izvadite tijesto iz radne posude i ostavite na sobnoj temperaturi dok se ne napravi nadjev.
b) NADJEV OD TARTUFA: U zdjelu srednje veličine stavite nasjeckanu čokoladu, a vrhnje zakuhajte na srednje jakoj vatri. Prelijte čokoladu i miješajte dok se sva čokolada ne otopi. Pokrijte plastičnom folijom i stavite u hladnjak dok se ne stegne. Zagrijte pećnicu na 375F. Čokoladno tijesto izradite rukama i utisnite ga u kalup za tart veličine 8" ili (" s dnom koje se može ukloniti; pokušajte dobiti jednaku debljinu. Ohladite 20 minuta. Izbodite dno tijesta vilicom. Pecite u prethodno zagrijanoj pećnici 20 do 25 minuta. Ohladite do kraja
c) SASTAVLJANJE: Izvadite tart nježno iz kalupa i stavite ga na pladanj. Žlicom nanesite nadjev od tartufa u ljusku i zagladite površinu. Rasporedite maline po vrhu u koncentričnim krugovima.
d) Poslužite na sobnoj temperaturi za puninu okusa.

# 58. Linzer tart od brusnice i bijele čokolade

Prinos: 1 porcija

**Sastojak**
- 2½ šalice brusnica; svježe ili prethodno smrznute i odmrznute
- ¼ šalice svježeg soka od naranče
- ½ šalice šećera
- 1 šalica mljevenih blanširanih badema
- 1⅔ šalice nebijeljenog višenamjenskog brašna
- ½ šalice šećera
- ½ žličice praška za pecivo
- 1 žličica mljevenog cimeta
- ¼ žličice mljevenog buzdovana
- ½ funte hladnog neslanog maslaca; izrezati na 16 komada
- 1 veliko jaje
- 1 veliki žumanjak
- 1 žličica ekstrakta vanilije
- 6 unci bijele čokolade; nasjeckana
- Šećer u prahu; za brisanje prašine

**Upute**
a) Kuhajte brusnice, sok od naranče i šećer u srednje jakoj posudi na srednjoj vatri dok smjesa ne zavrije.
b) Smanjite vatru na srednje nisku i kuhajte uz povremeno miješanje dok tekućina ne postane gusta i sirupasta, oko 10 minuta. Mješavina brusnica će imati konzistenciju poput pekmeza. Ostavite sa strane da se dobro ohladi, oko 30 minuta. Smjesa će se zgusnuti u čvrsti džem kada se ohladi.
c) Postavite rešetku u sredinu pećnice i zagrijte pećnicu na 350 stupnjeva. Premažite maslacem tavu od 9 inča.
d) U zdjeli električnog miksera pomiješajte bademe, brašno, šećer, prašak za pecivo, cimet i pire. Miješajte na maloj brzini samo da se sastojci pomiješaju, oko 10 sekundi. Dodajte maslac i miješajte dok većina komadića maslaca ne

bude veličine graška, oko 1 minutu. Smjesa će izgledati mrvičasto, a veličina mrvica će varirati.

e) Mikserom uključenim dodajte jaje, žumanjak i vaniliju. Miješajte dok se smjesa ne spoji i ne odvoji od stijenki zdjele, oko 30 sekundi. Ostavite 1 šalicu smjese za rešetkasti preljev i ohladite je dok pripremate koru.

f) Preostalo tijesto ravnomjerno pritisnite po dnu i $1\frac{1}{4}$-inča gore po stranicama pripremljene posude. Bijelu čokoladu ravnomjerno pospite po kori. Tankom metalnom lopaticom ravnomjerno rasporedite ohlađenu smjesu brusnica po bijeloj čokoladi.

g) Izvadite rezervirano tijesto iz hladnjaka. Koristeći oko 2 žlice tijesta za najduže konope i manje za kraće konope, motajte komade tijesta naprijed-natrag kako biste oblikovali konopce od tijesta promjera oko $\frac{1}{2}$ inča. Ako konopci puknu, ponovno ih stisnite.

h) Stavite 9 inča dugo uže preko sredine torte. Razmak između užadi oko 2 inča, postavite uže dugo oko 8 inča sa svake strane središnjeg užeta. Stavite uže dugo oko $4\frac{1}{2}$ inča blizu svakog kraja torte. Imat ćete 5 užadi tijesta po vrhu torte.

i) Okrenite posudu za tart na pola kruga i ravnomjerno postavite još 5 užadi preko vrha tarta za rešetkasti uzorak. Pecite tart dok vrh ne porumeni, oko 1 sat. Tart dobro ohladite u kalupu. Prije posluživanja pospite šećerom u prahu.

## 59. Dupli čokoladni krem tart

Prinos: 12 porcija

## Sastojak
- 1 šalica višenamjenskog brašna; podijeljena
- $\frac{1}{4}$ šalice ledene vode
- 1 žlica vanilije; podijeljena
- $\frac{3}{4}$ šalice nizozemskog procesa ili nezaslađenog kakaa; podijeljena
- 2 žlice šećera
- $\frac{1}{4}$ žličice soli
- $\frac{1}{4}$ šalice masti od povrća
- Sprej za kuhanje
- 1 limenka (14 oz.) bezmasnog zaslađenog kondenziranog mlijeka
- 6 unci 1/3 manje masnog krem sira; omekšao
- 1 veliko jaje
- 1 veliki bjelanjak
- 1$\frac{1}{2}$ šalice smrznutog tučenog preljeva sa smanjenim sadržajem kalorija; odmrznuti
- 1 unca poluslatke čokolade; sitno nasjeckan

## Upute
a) Zagrijte pećnicu na 350°. Pomiješajte $\frac{1}{4}$ šalice brašna, ledenu vodu i 1 žličicu vanilije, miješajući pjenjačom dok se dobro ne sjedini; Staviti na stranu.

b) Pomiješajte $\frac{3}{4}$ šalice brašna, $\frac{1}{4}$ šalice kakaa, šećer i sol u zdjeli; rezati mješalicom za tijesto ili 2 noža dok smjesa ne nalikuje gruboom brašnu. Dodajte mješavinu vode i leda; promiješajte vilicom dok ne postane vlažno i mrvičasto (nemojte oblikovati kuglu).

c) Nježno utisnite smjesu u krug od 4 inča na čvrstoj plastičnoj foliji; pokrijte dodatnom plastičnom folijom. Razvaljajte tijesto, još pokriveno, u krug od 13 inča. Stavite tijesto u zamrzivač na 30 minuta ili dok se plastična folija ne može lako ukloniti.

d) Uklonite gornji sloj plastične folije; stavite tijesto, nepokrivenom stranom prema dolje, u okruglu posudu za kolače od 10 inča s odvojivim dnom premazanu sprejom za kuhanje. Uklonite preostali sloj plastične folije. Savijte rubove.

e) Probušite dno i strane tijesta vilicom; pecite na 350° 4 minute. Ohladite na rešetki. Stavite posudu za tart na lim za pečenje; Staviti na stranu.

f) Umutiti ½ šalice kakaa i mlijeka srednjom brzinom miksera dok se ne sjedine. Dodajte sir; dobro istucite. Dodajte 2 žličice vanilije, jaje i bjelanjak; tucite dok ne postane glatko. Ulijte smjesu u koru; pecite na 350° 25 minuta ili dok se ne stegne.

g) Razmućeni preljev premažite preko kolača; posuti nasjeckanom čokoladom.

# 60. Slatki čokoladni tart

Prinos: 12 porcija
**Sastojak**
- 8 unci gorko-slatke čokolade; razbijen na komade
- ⅓ šalice margarina ili maslaca
- 2 velika jaja; na sobnoj temperaturi
- 1 žličica ekstrakta vanilije
- ⅓ šalice granuliranog šećera
- ¾ šalice višenamjenskog brašna
- ¼ žličice soli
- 4 unce mascarpone sira; na sobnoj temperaturi

## Upute

a) Predivno bogat, ovaj svečani desert ima teksturu poput kolačića s naglaskom slatkog, kremastog mascarpone sira.
b) Zagrijte pećnicu na 350 stupnjeva. Namastite kalup za tart od 9 inča s dnom koje se može ukloniti; Staviti na stranu.
c) U malom teškom loncu otopite čokoladu i margarin na laganoj vatri uz često miješanje. Maknite s vatre.
d) U srednjoj zdjeli tucite jaja i vaniliju električnom miješalicom na srednjoj brzini 30 sekundi. Postupno umiješajte šećer; tukli 1 minutu. Istucite čokoladnu smjesu, stružući jednom niz stijenke zdjele. Umiješajte brašno i sol na maloj brzini dok se ne sjedine. Ravnomjerno rasporedite tijesto u pripremljenu posudu.
e) Stavite sir u manju posudu i dobro promiješajte vilicom. Kapajte po žličicu nasumično po površini čokoladnog tijesta. Oštrim nožem umiješajte smjesu sira u čokoladnu smjesu kako biste stvorili efekt mramoriranja.
f) Pecite dok se sredina ne postavi, 20 do 25 minuta. Izvadite posudu na rešetku i potpuno ohladite. Pokrijte kolač plastičnom folijom; stavite u veliku plastičnu vrećicu za zamrzavanje i zamrznite do 6 tjedana prije posluživanja.
g) POSLUŽIVANJE: Tart potpuno odmrznite na sobnoj temperaturi. Izvadite iz kalupa za tart.
h) Narežite na kriške i poslužite.

# 61. Tart od svježeg voća i čokolade

Prinos: 8 porcija

**Sastojak**
- 1¼ šalice brašna
- 4 unce maslaca u štapićima; omekšao
- 3 žlice šećera
- 1 žličica ekstrakta vanilije
- ¼ šalice sitno nasjeckanih oraha ili oraha
- 1 šalica čipsa od mliječne čokolade
- ⅓ šalice kiselog vrhnja
- Svježe voće u sezoni
- 3 žlice (do 4) marelice ili bez sjemenki
- Džem od malina

## Upute

a) Zagrijte pećnicu na 400°F. Da biste napravili koru, u srednjoj zdjeli pomiješajte brašno, maslac, šećer, ½ žličice vanilije i pekan orahe. Miješajte vilicom dok smjesa ne nalikuje finim mrvicama. Mijesite dok se tijesto ne sjedini.

b) Pritisnite tijesto čvrsto i ravnomjerno na dno i gornju stranu metalne posude za torte od 9½ inča s uklonjivim dnom.

c) Pecite 14 do 16 minuta, ili dok ne poprime zlatnu boju. Neka se ohladi.

d) Za pripremu nadjeva, u staklenoj mjernoj posudi od 2 šalice zagrijte komadiće čokolade u mikrovalnoj pećnici na visokoj temperaturi oko 1 min ili dok se potpuno ne otopi i postane glatka kada se miješa. Umiješajte kiselo vrhnje i preostalu ½ žličice vanilije.

e) Preko ohlađene kore ravnomjerno rasporedite fil. Ostavite u hladnjaku 2 do 3 sata, ili preko noći.

f) Oko 1 sat prije posluživanja narežite breskve, nektarine, kivi ili dinju na kriške ili polumjesece; ocijedite voće na papirnatim ručnicima ako je jako sočno. Rasporedite u koncentrične krugove ili na neki drugi način na čokoladni nadjev.

g) Punite grožđem i bobičastim voćem dok vrh potpuno ne prekrije voće. Zagrijte džem u mikrovalnoj ili na laganoj vatri dok se ne otopi. Kistom premazati džem preko voća. Ostavite u hladnjaku do vremena za posluživanje.

h) Neposredno prije posluživanja maknite stranu posude i stavite tart na posudu za posluživanje.

# 62. Pikantni čokoladni tart

Prinos: 1 porcija
**Sastojak**
- 1 šalica nebijeljenog višenamjenskog brašna
- 2 žlice kakaa u prahu
- ¼ šalice šećera
- 1 prstohvat soli
- ½ žličice praška za pecivo
- 4 žlice neslanog maslaca
- 1 veliko jaje
- ⅓ šalice vode
- ⅓ šalice šećera
- ½ štapića neslanog maslaca
- 6 unci poluslatke čokolade
- 3 velika jaja
- 1 žličica mljevenog cimeta
- ½ žličice mljevenog klinčića

**Upute**
a) Za tijesto: U zdjelu za miješanje stavite brašno i preko njega prosijte kakao prah. Umiješajte šećer, sol i prašak za pecivo. Fino utrljajte maslac, ostavljajući smjesu hladnom i praškastom. Razmutite jaje i umiješajte ga u tijesto. Stisnite tijesto i zamotajte ga te ohladite.
b) Zagrijte pećnicu na 350 stupnjeva i postavite rešetku u donju trećinu pećnice. Na pobrašnjenoj površini razvaljajte tijesto i obložite maslacem namazan kalup za tart od 10 inča. Ostavite sa strane dok pripremate nadjev.
c) U loncu na srednjoj vatri zakuhajte šećer i vodu. Dodajte maslac i nastavite zagrijavati da se maslac otopi. Ugašeno umiješajte sitno izrezanu čokoladu. Umutiti jaja sa začinima, pa umiješati čokoladnu smjesu. Ulijte u koru za kolač.
d) Pecite oko 30 minuta, dok se dobro ne digne i ne stegne. Ohladite na rešetki.
e) Izvadite tart i poslužite sa tučenim slatkim vrhnjem.

## 63. Mousse tart od bijele čokolade od jagode

Prinos: 8 porcija

Sastojak
Tijesto:
- 1¾ šalice nebijeljenog brašna
- ¼ šalice čvrsto pakiranog svijetlosmeđeg šećera
- 2½ žličice narančine kore, naribane
- ⅛ žličice soli
- 1¾ štapića neslanog maslaca
- 1½ žlica svježeg soka od naranče
- 1 žumanjak
- 1 žličica ekstrakta vanilije
- 2 unce uvezene bijele čokolade

Mousse:
- 6 unci uvozne bijele čokolade
- ¼ šalice gustog vrhnja
- 1 veliki bjelanjak
- 1 žlica šećera
- ½ šalice vrhnja za šlag, tučenog
- 2 žlice Grand Marniera
- 1 velika jagoda, sa peteljkama
- 25 velikih jagoda, oljuštenih
- ½ šalice džema od jagoda

Upute

a) Za tijesto: Pomiješajte prva 4 sastojka u velikoj zdjeli. Dodati maslac i rezati smjesu dok ne bude finog brašna. Pomiješajte sok od naranče sa žumanjkom i vanilijom. Dodajte dovoljno mješavine soka suhim sastojcima kako biste formirali kuglu koja se sjedini.

b) Skupite tijesto u kuglu i spljoštite u otprilike 12-inčni krug.

c) Postavite rešetku u središte pećnice i zagrijte je na 375 stupnjeva. Razvaljajte tijesto između listova plastične folije na debljinu od $\frac{1}{8}$ inča. Izrežite na krug od 11 inča (koristite kalup za tart kao vodič).

d) Uklonite plastičnu foliju s vrha i preokrenite u okruglu posudu s oprugom od 10 inča s odvojivim dnom. Uklonite plastičnu foliju i pritisnite na donju i gornju stranu posude... savijte gornje rubove.

e) Zamrznite 15 minuta. Obložite ljusku torte aluminijskom folijom i utegnite utezima za pite ili grahom. Pecite dok se stranice ne postave – oko 10 minuta.

f) Uklonite foliju i utege. Pecite koru dok ne porumeni - oko 16-20 minuta. Pospite dvije unce bijele čokolade preko vruće kore. Pustite da odstoji oko 1 minutu.

g) Pomoću stražnje strane žlice rasporedite čokoladu po donjoj i gornjoj strani.

h) Prebacite na rešetku da se ohladi.

## 64. Švedski čokoladni desert konungens tarts

Prinos: 6 obroka

**Sastojak**
- 2¼ šalice Pillsbury's Best višenamjenskog brašna
- ½ šalice šećera
- ⅓ šalice kakaa
- ½ žličice praška za pecivo dvostrukog djelovanja
- ½ žličice soli
- ¾ šalice maslaca
- 1 jaje; malo pretučen
- 1 žlica mlijeka - nadjev
- 1 jaje
- ¼ šalice šećera
- ¼ šalice Pillsbury's Best višenamjenskog brašna
- 1 šalica mlijeka
- 1 žličica francuske vanilije
- ½ šalice vrhnja za šlag -za čokoladni nadjev---
- 3 žlice kakaa
- 3 žlice šećera - čokoladna glazura ---
- 2 žlice maslaca; rastopljeni
- 2 žlice kakaa
- ½ šalice slastičarskog šećera
- 1 žumanjak
- ¼ žličice francuske vanilije

**Upute**

a) PECI na 375 stupnjeva 12 do 15 minuta. ZA 6 do 8 PORUKA. Prosijte brašno, šećer, kakao, prašak za pecivo i sol. Narežite na maslacu dok čestice ne budu veličine malog graška.

b) Dodati 1 malo umućeno jaje i 1 do žlica mlijeka; izmiješajte vilicom ili mikserom za tijesto. Stavite na veliki nepodmazan lim za pečenje.

c) Razvaljajte na limu za pečenje s pobrašnjenim valjkom za tijesto na pravokutnik 15 x 11 inča.
d) Odrežite rubove nožem ili kotačićem za tijesto. Izrežite na tri pravokutnika veličine 11 x 5 inča. Pecite u umjerenoj pećnici (375 stupnjeva) 12 do 15 minuta. Nemojte smeđiti. Ohladiti na plehu. Pažljivo razriješite lopaticom. Složite slojeve na vrh kartona prekrivenog aluminijskom folijom, rasporedite punjenje između slojeva unutar $\frac{1}{4}$ inča od ruba.
e) Frost vrh. po želji ukrasite prženim narezanim bademima. Ohladite dok se glazura ne stegne.
f) Labavo zamotajte u aluminijsku foliju (ili voštani papir); ohladiti preko noći.
g) Nadjev: (vanilija ili čokolada) Umutiti 1 jaje dok ne postane svijetlo i pjenasto.
h) Postupno dodajte šećer, neprestano tukući dok ne postane gusto i lagano. Umiješajte brašno. Postupno dodajte mlijeko koje ste zakuhali na pari.
i) Smjesu vratiti u parni kotao. Kuhajte iznad kipuće vode uz stalno miješanje dok ne postane gusto i glatko. Dodajte vaniliju; cool. Istucite $\frac{1}{2}$ šalice vrhnja za šlag dok ne postane gusto i umiješajte u nadjev. Za čokoladni nadjev zamijenite obični šlag sljedeću čokoladnu kremu: Pomiješajte $\frac{1}{2}$ šalice vrhnja za šlag, kakao i šećer. Tucite dok ne postane gusto.
j) Čokoladna glazura: Pomiješajte otopljeni maslac, kakao, slastičarski šećer, žumanjak i vaniliju. Tucite dok ne postane glatko.

# 65. Krem tart od banane i bijele čokolade

Prinos: 8 porcija

## Sastojak
- ½ šalice (1 štapić) neslanog maslaca, sobne temperature
- 6 žlica šećera
- 1 veliko jaje
- 1 šalica Plus 6 T višenamjenskog brašna
- 3 velika žumanjka
- 2 žlice šećera
- 2 žlice kukuruznog škroba
- 1 šalica mlijeka
- ½ mahune vanilije, razrezane po dužini
- 3 unce uvezene bijele čokolade sitno nasjeckane
- 1 žlica neslanog maslaca
- ½ šalice ohlađenog vrhnja za šlag
- 3 banane, oguljene
- 1½ žlica likera od banane
- 1 žlica svježeg soka od limuna
- 4 unce Uvezena bijela čokolada, izribana gulilicom za povrće

## Upute
a) ZA PECIVA: Električnom miješalicom umutite maslac i šećer u velikoj zdjeli dok se ne sjedine. Dodajte jaje; tucite dok se ne pomiješa. Dodajte brašno i miksajte 2 minute. Skupite tijesto u kuglu i spljoštite u disk. Zamotajte u plastičnu foliju i ostavite u hladnjaku 3 sata.

b) Zagrijte pećnicu na 375'F. Razvaljajte tijesto na pobrašnjenoj površini na krug promjera 12 inča. Premjestite u kalup za tart promjera 9 inča s dnom koje se može ukloniti. Odrežite koru, ostavljajući ¼-inčni prevjes. Sačuvajte ostatke peciva.

c) Presavijte rubove kako biste oblikovali stranice duple debljine. Zamrznite 15 minuta. Tijesto obložiti folijom.

Puniti suhim grahom ili utezima za pitu. Pecite 15 minuta. Maknite foliju i grah. Popravite sve pukotine sa sačuvanim ostacima tijesta. Pecite dok ne porumene, oko 20 minuta. Potpuno ohladiti.

d) ZA NADJEV: Žumanjke, šećer i kukuruzni škrob pjenasto izmiješajte u zdjeli dok se ne sjedine. Ulijte mlijeko u teški mali lonac. Ostrugati sjemenke iz mahune vanilije; dodati grah. Stavite smjesu da prokuha.

e) Mliječnu smjesu umiješajte u smjesu od jaja. Vratite smjesu u isti lonac i pustite da prokuha, neprestano miješajući. Procijedite u veliku zdjelu. Dodajte 3 oz. nasjeckana bijela čokolada i maslac; miješati dok se ne otopi. Pokrijte i ohladite najmanje 3 sata. U srednjoj posudi istucite vrhnje u čvrsti vrh. Umiješajte u kremu od bijele čokolade. Narežite banane na kriške debljine $\frac{1}{4}$ inča.

f) Prebacite u srednju zdjelu; dodajte liker i sok od limuna i promiješajte. Banane umiješajte u slastičarsku kremu. Žlicom stavljajte nadjev u koru za kolače, nasipajte u sredini. Prelijte strugotinama čokolade. Ohladite najmanje 1 sat i do 6 sati.

## 66. Opaki kolač od tamne čokolade

Prinos: 1 porcija

## Sastojak
- 250 grama neslanog maslaca
- 125 grama vanilin šećera
- 250 grama glatkog brašna
- 125 grama griza
- 180 grama crne gorke čokolade
- 5 žlica konjaka
- 4 jaja
- 3 žlice kukuruznog brašna
- 400 grama šećera u prahu
- 600 mililitara Jednokrevetna krema
- 1 mahuna vanilije
- 125 grama neslanog maslaca

## Upute
a) Zagrijte pećnicu na 180C/plin 4. Pripremite kolač. Miksajte maslac i vanilin šećer u zdjeli dok ne postanu svijetli i pjenasti.
b) Pomiješajte brašno i griz. Postupno dodavati maslac dok se ne formira mrvičasto tijesto. Pažljivo i nježno mijesite tijesto dok se ne poveže i površina ne postane glatka. Razvaljajte na tanko kako biste obložili 6 kalupa za torte od 4 inča s slobodnim dnom. Podloge za ubod. Dobro ohladite sat vremena. Obložite folijom i grahom za pečenje.
c) Pecite kolače na slijepo oko 20 minuta u prethodno zagrijanoj pećnici dok ne budu pečeni. Uklonite grah i foliju te po potrebi nastavite sušiti u pećnici. Pripremite nadjev od čokolade. Čokoladu izlomiti na kvadratiće. Stavite u zdjelu iznad posude s vodom ili kuhala za paru. U čokoladu dodati konjak.

d) Lagano zagrijavajte dok se čokolada ne otopi. U posudi istucite jaja. Umiješajte kukuruzno brašno i šećer te po potrebi dodajte malo vrhnja.
e) Preostalo vrhnje zagrijte u loncu s mahunom vanilije gotovo do vrenja.
f) Vruće vrhnje umiješajte u smjesu od izmiksanih jaja.
g) Posudu za kremu isperite u hladnoj vodi. Smjesu vratiti u plati i dodati otopljenu čokoladu. Lagano kuhajte uz stalno miješanje dok se smjesa ne zgusne i kukuruzno brašno ne skuha. Kušajte smjesu da provjerite nije li brašnasta. To će trajati između 6-8 minuta. Uklonite mahunu vanilije.
h) Fil malo ohladiti. Omekšati maslac i ostaviti da se ohladi. Umutiti omekšali maslac u čokoladni fil. Ulijte u ohlađene torte i ostavite da se stegne.
i) Kad se ohlade, napravite listiće čokolade s malo otopljene čokolade i njima ukrasite torte.

## 67. Alaska pogačice s plodovima mora

Prinos: 6 obroka
**Sastojak**
- 418 grama konzerviranog ružičastog aljaskog lososa
- 350 grama Paket filo tijesta
- 3 žlice orahovog ulja
- 15 grama margarina
- 25 grama glatkog brašna
- 2 žlice grčkog jogurta
- 175 grama Plodovi mora štapići; sjeckani (s okusom rakova)
- 25 grama nasjeckanih oraha
- 100 grama ribanog parmezana ILI- ribanog cheddar sira

**Upute**

a) Prethodno zagrijte pećnicu na 80 C, 350 F, oznaka plina 4. Lagano namastite 8 pojedinačnih posuda za pitu ili zdjelica za puding otpornih na pećnicu.
b) Ocijedite limenku lososa i napravite sok do 200 ml / 7fl.oz. s vodom za riblji temeljac. Narežite losos. Staviti na stranu.
c) Svaki pojedinačni list filo tijesta premažite uljem i savijte u šesnaest kvadrata od 12,5 cm / 5 inča. U svaku posudu za pitu stavite po jedan kvadrat tako da zašiljeni kutovi vire preko ruba.
d) Premažite uljem, a zatim stavite drugi kvadrat tijesta na prvi, ali s kutovima okrenutim prema gore između originalnih kako biste stvorili efekt lopoča. Vrhove dobro premažite uljem i pecite 5 minuta da se stegne, ali ne smeđe. Izvaditi iz pećnice.
e) Smanjite temperaturu pećnice na 150 C, 300 F, plin oznaka 2. Otopite margarin i umiješajte brašno. Umiješajte riblji temeljac, dobro tučeći da uklonite grudice. Pomiješajte jogurt, štapiće plodova mora, orahe i losos u listićima u umak i podijelite na 8 kalupa za tijesto.
f) Pospite krušnim mrvicama po vrhu, a zatim vratite u pećnicu da se zagrije 5-8 minuta ili dok sir i tijesto ne porumene. Poslužite odmah.

## 68. Tart od rakova i pikantnog sira

Prinos: 6 porcija

## Sastojak
- 1 domaće ili pripremljeno osnovno tijesto za pitu, ohlađeno
- 3 žlice maslaca
- $\frac{1}{4}$ šalice crvene paprike narezane na kockice
- $\frac{1}{2}$ šalice luka nasjeckanog na kockice
- 3 žlice brašna
- 1 funta repova rakova
- 1 šalica naribane ljute papričice Monterey jack sira
- 2 žlice nasjeckanog mladog luka
- 1 sol; okusiti
- 1 kajenski papar; okusiti

## Upute
a) Zagrijte pećnicu na 350 stupnjeva. Na pobrašnjenoj površini razvaljajte tijesto u krug od 10 inča. Premjestite na veliki, lagano namašćeni pleh za kekse.

b) U tavi rastopite maslac. Kad počne pjeniti dodati crvenu papriku i luk, te kuhati 2 minute. Dodajte brašno i kuhajte uz miješanje 3 minute. Dodajte rakove i kuhajte još 2 minute. Maknite s vatre i umiješajte sir i mladi luk.

c) Začinite po ukusu solju i kajenskom paprikom. Stavite smjesu od rakova u sredinu kruga tijesta, ostavljajući rub tijesta od 2 do 3 inča. Preklopite višak tijesta preko nadjeva, slažući ga u slojeve, ali ne potpuno pokrivajući nadjev. Radite oko kruga, nastavljajući presavijati preko prethodnog preklopa, dok ne dobijete rustikalnu tortu slobodnog oblika.

d) Lim za kekse stavite u pećnicu i pecite 35 minuta.

## 69. Torta od jakobovih kapica i plavog sira

Prinos: 1 porcija

## Sastojak
- 6 velikih jakobovih kapica
- 8 crveni luk
- 185 grama plavog sira; (6oz)
- 60 grama mascarpone sira; (2oz)
- 1 žumanjak
- 110 grama listova špinata; (4oz)
- Ocat
- Šećer
- crno vino
- Peršin

## Upute
a) Za pripremu ovog jela potrebno je prvo skuhati luk.
b) Za to ih narežite na tanke ploške i ispecite na malo maslinovog ulja. Polagano ih kuhajte oko 30 minuta s octom.
c) Razvaljajte tijesto i tankim tijestom obložite podmazan lim prije nego napravite nadjev. Nadjev napravite tako da pomiješate mascarpone i plavi sir sa žumanjkom i začinima.
d) Pecivo pecite na slijepo u vrućoj pećnici. Izvadite i napunite smjesom i narezanim jakobovim kapicama. Zapeći u pećnici i izvaditi iz lima. Poslužite s džemom od luka sa strane.

## 70. Kremasti tart od dimljenog lososa i kopra

Prinos: 6 obroka

## Sastojak
- 5 listova filo - odmrznuto
- 3 žlice neslanog maslaca - otopljenog
- 4 velika žumanjka
- 1 žlica Dijon senfa - PLUS 1 žličica
- 3 velika jaja
- 1 šalica Pola-pola
- 1 šalica vrhnja za šlag
- 6 unci dimljenog lososa - nasjeckanog
- 4 zelena luka - nasjeckana
- $\frac{1}{4}$ šalice kopra - svježeg, nasjeckanog ILI 1 T. osušene trave kopra
- Grančice kopra

## Upute
a) Obilno premažite maslacem duboki tanjur za pitu promjera 9-$\frac{1}{2}$ inča. Stavite 1 foliju na radnu površinu (preostale dijelove pokrijte plastičnom folijom, a zatim čistim vlažnim ručnikom).

b) List filo premažite maslacem i preklopite na pola po dužini. Premažite presavijenu površinu maslacem. Poprečno prerezati na pola. Stavite 1 filo pravokutnik, maslacem namazanu stranu prema dolje, u pripremljeni tanjur za pitu, prekrijte dno i pustite da tijesto visi preko 1 dijela ruba za $\frac{1}{2}$ inča.

c) Vrh filoa u tanjuru za pite premažite maslacem. Stavite drugi filo pravokutnik u tanjur za pitu, prekrijte dno i pustite da tijesto visi preko drugog dijela ruba za $\frac{1}{2}$ inča; premažite maslacem. Ponovite postupak s preostala 4 lista folije, pazeći da cijela površina ruba bude pokrivena kako bi se stvorila korica.

d) Savijte gornji dio kako biste oblikovali rub kore u ravnini s rubom tanjura za pitu. Rubove kore premažite maslacem. (Može se pripremiti 4 sata unaprijed. Pokrijte i ohladite.) Zagrijte pećnicu na 350F. U srednjoj zdjeli umutite žumanjke i senf da se pomiješaju.

e) Istucite jaja, pola-pola, vrhnje, losos, luk i nasjeckani kopar. Začinite po ukusu solju i paprom. Izliti u pripremljenu koru. Pecite dok se sredina ne postavi, oko 50 minuta. Prebacite na stalak. Cool. Ukrasite grančicama kopra i poslužite malo toplo ili na sobnoj temperaturi.

# 71. Norveške torte od lososa

Prinos: 12 porcija

**Sastojak**
- 10 žlica maslaca
- 2 šalice brašna
- Voda; hladna
- 1 žlica maslaca
- 1 veliki luk; nasjeckana
- 1 šalica gljiva; narezan na kriške
- ½ šalice kiselog vrhnja
- 1 funta fileta lososa
- 2 jaja; lagano tučen
- 2 žličice kopra; svježe, nasjeckano
- Sol
- Papar
- 1 bjelanjak; malo pretučen
- 1 šalica kiselog vrhnja
- 2 žličice vlasca; nasjeckana
- 1 žličica kopra; svježe, nasjeckano
- 1 češnjak češnjaka u prahu

**Upute**

a) ZA IZRADU PECIVA: Maslac izrežite u brašno pomoću miješalice za tijesto i dodajte vodu, po malo, dok ne dobijete čvrsto tijesto. Razvaljajte i izrežite gornju i donju koru za 12 kolača.

b) NADJEV: U tavi rastopite maslac, dodajte luk i zapržite. Dodajte gljive i kiselo vrhnje; pirjati pet minuta i ohladiti. U međuvremenu pohirajte ili kuhajte ribu na pari dok se lako ne ljušti. Ocijedite ribu i isecite je u zdjelu. Pomiješajte cijela jaja i kopar s ribom. Začinite solju i paprom po ukusu. Pomiješajte smjesu ribe i gljiva i žlicom stavite donje kore. Odozgo stavite drugu koru i stisnite rubove da se zapeku. Gornje kore i rubove premažite bjelanjkom. Nabodite kore za otvore za paru. Pecite 10 minuta na 450 stupnjeva F. ili dok korica ne porumeni.

c) ZA NAPRAVU PRELJEVA: Pomiješajte kiselo vrhnje i začine. Dodajte žlicu u svaki tart prije posluživanja.

## 72. Sićušne tortice od dimljenog lososa

Prinos: 6 porcija

## Sastojak
- 1¾ šalice višenamjenskog brašna
- ¼ žličice soli John Culbertson Winery.
- 8 žlica maslaca (=1 štapić)
- ¼ šalice hladne vode

## Upute
a) Stavite brašno, sol i maslac u zdjelu procesora hrane.
b) Procesirajte dok tijesto ne bude nalikovalo jelu. (Umjesto procesora hrane može se koristiti rezač tijesta.) Dodajte vodu i miješajte dok se tijesto ne oblikuje u kuglu na oštrici.
c) Razvaljajte tijesto debljine ¼ inča i izrežite na krugove od 2 inča. Obložite minijaturne kalupe za torte krugovima tijesta.
d) Punjenje: 4 oz. dimljeni losos 5 oz. Gruyere sir, sitno nasjeckan 4 jaja, tučena 1½ šalice mlijeka ½ šalice vrhnja za šlag ¼ žličice soli ¼ žličice papra
e) Obrišite kriške dimljenog lososa papirnatim ručnikom kako biste uklonili višak vlage, a zatim ih narežite na ploške od 1 inča.
f) Podijelite narezani losos na ljuske kolača i pospite sirom po svakoj.
g) Pomiješajte jaja, mlijeko i vrhnje sa soli i paprom i ulijte u svaku koru za tart.
h) Pecite torte (pojedinačne kalupe za torte stavite na lim za pečenje) u prethodno zagrijanoj pećnici na 400 stupnjeva F oko 15 minuta. Tijekom pečenja stalno provjeravajte jer su kolačići mali i potrebno im je puno manje vremena nego većem kolaču.

## 73. Svečane torte od škampa

Prinos: 48 porcija

**Sastojak**
- 2 peciva za pitu s duplim korama ili kolače.
- 1 šalica mlijeka
- 1 pakiranje Krem sira, na kockice
- 4 jaja, malo tučena
- 1 limenka škampi, ocijeđeni ili svježi.
- 2 žlice sušenog vlasca
- $\frac{1}{4}$ šalice sitno nasjeckane crvene paprike
- Posolite i popaprite po ukusu
- Svježa trava kopra za ukrašavanje

**Upute**
a) Pripremite 48 malih kora za tart od tijesta. Zagrijte mlijeko na laganoj vatri; dodajte kockice krem sira miješajući dok se glatko ne otopi.
b) Postupno dodajte smjesu sira u jaja; umiješajte preostale sastojke osim korova kopra. Žlicom stavite 1 žlicu nadjeva u svaku ljusku torte.
c) Pecite na 350 F 20-25 minuta ili samo dok se ne stegne. Ukrasite škampima i koprom. Pravi 48 malih ili 24 srednje torte.
d) Ukrasite prije posluživanja.

# 74. Bakewell kolač

**Sastojci**

- 1 sjajna ljuska slatkog kolača koja se ne skuplja, djelomično pečena u kalupu za kolače od 9 inča s odvojivim dnom
- 1 šalica krupno nasjeckanih badema, blanširanih ako ih možete pronaći
- 1 1/2 žlice višenamjenskog brašna
- 2/3 šalice šećera
- 9 žlica (1 štapić plus 1 žlica) neslanog maslaca, na sobnoj temperaturi
- 1 veliko jaje
- 1 veći bjelanjak
- 1/2 žličice ekstrakta badema
- 1 1/2 žličice narančine korice (nije tradicionalna, ali jednostavno je lijepa)
- 1/3 šalice džema od malina
- Narezani ili narezani bademi, za ukras (po želji)

**Upute**

a) Bademe i brašno sitno samljeti u procesoru. Umiješajte šećer, zatim maslac, ekstrakt i narančinu koricu. Miješajte dok ne postane glatko. Umiješajte jaje i bjelanjak. Premjestite punjenje u srednju zdjelu. Pokrijte i ohladite najmanje 3 sata.

b) Postavite rešetku u sredinu pećnice i zagrijte je na 350°F. Namažite džem preko baze torte. Nanesite nadjev od badema posvuda, a zatim ga pažljivo rasporedite lopaticom. Ako kao ukras koristite narezane bademe ili bademe, sada ih pospite po vrhu. Pecite tortu dok ne porumeni i tester umetnut u sredinu nadjeva ne izađe čist, oko 45 minuta. Ohladite kolač u tavi na rešetki.

c) Za posluživanje, gurnite posudu s dnom prema gore, oslobađajući tart iz posude. Tart narežite na kriške i po želji pospite šećerom u prahu.

d) Uradite unaprijed: nadjev od badema možete napraviti 2 dana unaprijed. Držati na hladnom. Cijeli tart se može napraviti i pola dana unaprijed. Pustite da odstoji na sobnoj temperaturi

## 75. Rešetkasti kolač od jabuka i orašastih plodova

Prinos: 1 porcija

**Sastojak**
- 1 pakiranje (15 oz.) Pillsbury rashlađenih kora za pitu
- 3 šalice Tanko narezane oguljene jabuke; (3 do 4 srednje) (do 3-1/2)
- ½ šalice šećera
- 3 žlice zlatnih grožđica
- 3 žlice sjeckanih oraha ili pekan oraha
- ½ žličice cimeta
- ¼ žličice naribane kore limuna; (do 1/2)
- 2 žličice soka od limuna
- 1 žumanjak; pretučen
- 1 žličica vode
- ¼ šalice šećera u prahu
- 1 žličica soka od limuna; (do 2)

**Upute**
a) Pripremite koru za pitu prema uputama na pakiranju za pitu s dvije kore koristeći kalup za torte od 10 inča s odvojivim dnom ili kalup za pitu od 9 inča.
b) Stavite 1 pripremljenu koru u pleh; pritisnite donju i gornju stranu posude. Odrežite rubove ako je potrebno.
c) Zagrijte pećnicu na 400 F. Stavite lim za kolačiće u pećnicu da se zagrije. U velikoj zdjeli pomiješajte jabuke, šećer, grožđice, orahe, cimet, limunovu koricu i 2 žličice limunovog soka; lagano baciti na kaput. Žlicom stavljajte u pleh obložen korom.
d) Da biste napravili rešetkasti vrh, izrežite drugu koru na trake širine ½ inča. Rasporedite trake u obliku rešetke preko punjenja. Obrežite i zalijepite rubove. U maloj posudi pomiješajte žumanjak i vodu; nježno pređite četkom preko rešetke.

e) Stavite tart na prethodno zagrijani lim za kekse. Pecite na 400 F. 40 do 60 minuta ili dok jabuke ne omekšaju, a korica ne porumeni. Pokrijte rub kore trakama folije nakon 15 do 20 minuta pečenja kako biste spriječili pretjeranu smeđu boju. Ohladite 1 sat.
f) U maloj zdjeli pomiješajte sastojke za glazuru, dodajući dovoljno soka od limuna za željenu gustoću. Prelijte malo toplim tartom. Cool; uklonite stranice posude.

## 76. Torta od marelice i makadamije

Prinos: 12 porcija

**Sastojak**
- 1½ šalice brašna
- ⅔ šalice maslaca; omekšao
- ¼ šalice smeđeg šećera; upakiran
- 2 žlice kakaa
- 1 jaje
- 8 unci suhih marelica
- 3½ unce makadamija oraha; krupno nasjeckan
- ⅓ šalice šećera
- ¼ šalice maslaca; rastopljeni
- ½ šalice svijetlog kukuruznog sirupa
- ¼ žličice soli
- 2 jaja - marelice umočene u čokoladu-----
- ¼ šalice poluslatkog čokoladnog čipsa
- 1 čajna žličica masti
- 12 suhih marelica

## Upute

a) Zagrijte pećnicu na 400¼. Pomiješajte sve sastojke za tijesto dok se ne formira tijesto.
b) Čvrsto i ravnomjerno pritisnite na dno i strane nepodmazane posude za tart od 11 inča s dnom koje se može ukloniti. Pecite 10-12 minuta ili dok se ne stegne.
c) Nakon pečenja tijesta, zagrijte pećnicu na 375 ¼. Rezervirajte 12 marelica za marelice umočene u čokoladu; krupno nasjeckajte preostale marelice. Pečeno pecivo ravnomjerno pospite orašastim plodovima i nasjeckanim marelicama. Miksajte šećer, maslac, kukuruzni sirup, sol i jaja dok ne postane glatko. Preliti preko oraha i marelica. Pecite 25 do 30 minuta ili dok se ne stegne.
d) Obložite ploču voštanim papirom. Stavite čips i mast u malu zdjelu prikladnu za mikrovalnu pećnicu. Pecite u mikrovalnoj pećnici bez poklopca na srednjoj razini 2 do 3 minute ili dok smjesa ne bude glatka.
e) Polovicu svake marelice umočite u čokoladnu smjesu; stavite na tanjur. Pustite da odstoji dok se čokolada ne osuši. Stavite na tart.

# 77. Krem tart od kupina i orašastih plodova

Prinos: 1 porcija

**Sastojak**

- ⅓ šalice višenamjenskog brašna
- ½ žličice soli
- 1 pakiranje krem sira od 8 unci, omekšali
- ¼ šalice zaslađenog kondenziranog mlijeka
- 2 žlice prosijanog šećera u prahu
- 1 paket od 16 unci smrznutih kupina, odmrznutih i ocijeđenih
- ½ šalice granuliranog šećera
- 3 žlice kukuruznog škroba
- ½ šalice sitno mljevenih oraha
- 1½ šalice prosijanog šećera u prahu
- 2 žlice masti s okusom maslaca
- ½ žličice vanilije
- ½ šalice masti s okusom maslaca
- 3 žlice ledene vode
- 1 žlica svježeg soka od limuna
- ¼ šalice komadića bijele čokolade
- ¼ šalice oraha
- 2 žlice Boysenberry sirupa
- 1 žličica maslaca ili margarina
- ½ žličice svježeg soka od limuna
- ⅛ žličice soli
- ½ žličice arome maslaca
- 4 žlice vrhnja za šlag

## Upute

a) Za izradu kore: Zagrijte pećnicu na 425 stupnjeva. Pomiješajte brašno i sol u srednjoj zdjeli. Režite masnoću pomoću miješalice za tijesto ili 2 noža dok se svo brašno ne umiješa u komade veličine graška.

b) Zalijevajte vodom, po 1 žlicu. Lagano protresite vilicom dok tijesto ne postane lopta. Pritisnite između ruku da oblikujete "palačinku" od 5 do 6 inča.

c) Lagano pobrašnite površinu za valjanje i valjak. Razvaljajte tijesto u krug. Izrežite 1 inč više od naopačke okrenute posude za tart od 9 inča s veličinama koje se mogu ukloniti. Pažljivo rastresite tijesto. Savijte na četvrtine. Lagano pobrašnite kalup za tart.

d) Tijesto rastanjiti i utisnuti u kalup za tart. Obrežite rub čak i s vrhom ruba. Dno i stranice temeljito izbodite vilicom 50 puta kako biste spriječili skupljanje.

e) Rub prekrijte dvostrukim slojem folije kako ne bi preporumenili.

f) Pecite 10 do 15 minuta ili dok lagano ne porumene. Ohladite na sobnu temperaturu.

g) Za pripremu nadjeva od krem sira: Pomiješajte krem sir, kondenzirano mlijeko, šećer u prahu i limunov sok u maloj posudi. Miksajte električnom miješalicom malom brzinom dok ne postane kremasto. Stavite komadiće bijele čokolade i orahe u radnu zdjelu multipraktika. Procesirati dok se ne usitne. Umiješajte u smjesu sira. Rasporedite po dnu ohlađene kore pečenog tarta.

h) Za pravljenje voćnog nadjeva: Pomiješajte kupine, šećer, kukuruzni škrob i sirup od bobica u srednjoj tavi. Kuhajte i miješajte na srednjoj vatri dok smjesa ne postane zgusnuta i bistra. Maknite s vatre. Umiješajte maslac, limunov sok i sol. Premjestite u zdjelu. Ohladite na sobnu temperaturu. Žlicom stavljati nadjev od sira.

i) Za pripremu preljeva: posipajte orašaste plodove preko voćnog nadjeva na rešetkasti način.

j) Za ukrašavanje: pomiješajte šećer u prahu, mast, vaniliju, aromu maslaca i 3 žlice vrhnja u srednjoj posudi. Tucite dok ne postane glatko, dodajući još vrhnja, ako je potrebno, za željenu gustoću. Stavite žlicom u vrećicu za dekoraciju opremljenu željenim vrhom. Oblikujte ukrasni rub oko ruba torte.

k) Hladiti 1 do 2 sata. Uklonite rub. Izrežite na porcije. Ohladite ostatke.

# 78. Tart od mrkve i oraha

Prinos: 8 porcija

**Sastojak**
- 1 kora za pitu; djelomično pečeno
- 3 jaja
- ⅓ šalice šećera
- 1 žličica limunovog soka i limunove korice
- 2 šalice sitno narezane mrkve
- 4 žlice otopljenog maslaca
- ½ žličice praška za pecivo
- ⅔ šalice brašna
- ½ šalice badema
- ¼ šalice glazure od marelice

**Upute**
a) Pomiješajte jaja, šećer, limunov sok i koricu; dodajte mrkvu i maslac, dobro promiješajte.
b) U posebnoj zdjeli pomiješajte orahe, brašno i prašak za pecivo. Pomiješajte dvije smjese; ulijte u djelomično pečenu pitu ili tortu. Pecite na 400 stupnjeva oko 20 minuta.
c) Za glazuru, otopite marelice, dodajte 2 žlice rakije i premažite vrh kolača kada tart izađe iz pećnice.

# 79. Tart od karamela i oraha

Prinos: 1 porcija

## Sastojak
- 1 šalica šećera
- ⅔ šalice gustog vrhnja
- ¼ šalice (1/2 štapića) neslanog maslaca; izrezati na male komadiće
- 3 žlice meda
- ½ žličice soli
- 2½ šalice polovica oraha; (oko 10 oz.)
- 1 porcija za Pate Sucree tijesto
- 2 unce gorko-slatke čokolade; nasjeckana
- 2½ šalice višenamjenskog brašna
- 3 žlice šećera
- 2 štapića hladnog neslanog maslaca; razrezati
- 2 velika žumanjka
- 4 žlice ledene vode

## Upute
a) U teškom loncu zakuhajte ¼ šalice vode i šećer, miješajući dok se šećer ne otopi. U poklopljenoj posudi skuhajte sirup bez miješanja; možete zaokretati tavu ili isprati stijenke lonca slastičarskom četkom umočenom u vodu kako biste uklonili sve kristale šećera koji su se uhvatili, dok ne počne poprimati zlatnu boju.

b) Pažljivo dodajte vrhnje (smjesa će nabubriti) i vratite posudu na vatru. Dodajte maslac, med i sol, miješajući dok se maslac ne otopi i smjesa postane glatka. Umiješajte orahe i pirjajte nepoklopljeno na srednjoj vatri uz povremeno miješanje oko 5 minuta. Maknite s vatre i ostavite da se ohladi.

c) U međuvremenu razvaljajte polovicu pate sucree između 2 lista plastične folije u krug od 11 inča. Stavite tijesto u rebrasti kalup za tart od 9 inča s odvojivim dnom. Kako biste ravnomjerno izrezali tijesto, valjajte valjak preko kalupa za tart. Ohladite 20 do 30 minuta.

d) Zagrijte pećnicu na 400. Napunite koru torte ohlađenom smjesom od oraha, ravnomjerno rasporedite gumenom lopaticom. Razvaljajte preostalo tijesto između 2 lista plastične folije u krug od 11 inča. Premjestite u koru za kolač. Pritisnite rub gornje kore na donju koru da se zatvori. Oklagijom zarolajte preko posude za tart kako biste obrezali rub. Zamrznite 20 minuta.

e) Pecite na plehu obloženom papirom za pečenje dok korica ne poprimi zlatnu boju, oko 25 do 30 minuta. Ohladite na rešetki.

f) U parnom kotlu iznad vode koja jedva ključa, otopite čokoladu, miješajući dok ne postane glatka. Ohladite čokoladu i premjestite je u slastičarsku vrećicu s vrlo malim ravnim vrhom.

g) Nanesite čokoladu kružnim uzorkom preko cijele površine tarta. Pustite da se čokolada stegne na sobnoj temperaturi, oko 1 do 2 sata.

**Pate Sucree**

h) Stavite brašno i šećer u procesor hrane; puls za kombiniranje. Dodajte maslac; pulsirajte dok smjesa ne nalikuje grubom brašnu, 10 do 20 sekundi.

i) Lagano umutite žumanjke; dodajte ledenu vodu. Dodajte u procesor hrane dok stroj radi; procesirajte dok se tijesto ne spoji.

j) Podijelite tijesto u dva dijela; okrenuti na dva odvojena komada plastične folije. Svaku spljoštite u krug, i zamotajte u plastičnu foliju; ohladite najmanje 1 sat.

# 80. Torte s orašastim plodovima

Prinos: 6 obroka

**Sastojak**
- 1½ šalice vrhnja za šlag
- 1½ šalice nabubrenih grožđica
- 1 šalica nasjeckanih oraha
- ½ šalice šećera
- 2 banane, narezane na ploške
- 6 višanja maraskina, nasjeckanih
- Nekoliko zrna soli

**Upute**
a) Umutiti čvrsti šlag. Umiješajte šećer i sol. Podijeliti na 2 dijela.
b) Pomiješajte banane i grožđice s ½ kreme. Lagano ubacite u pečene pojedinačne kore tijesta. Pokrijte preostalom kremom. Ukrasite višnjama i orasima. 20 porcija.

## 81. Narančasti kolač od brazilskih oraha

Prinos: 4 porcije

## Sastojak
- 3 jaja, odvojena
- $\frac{3}{4}$ šalice granuliranog šećera
- Naribana korica 1 naranče
- 1 žličica ekstrakta vanilije
- 2 šalice fino mljevenih brazilskih oraha
- 1$\frac{1}{2}$ žlica višenamjenskog brašna
- $\frac{1}{4}$ žličice soli
- Ukrasiti:
- 2 grejpa
- 2 naranče
- 4 velika bjelanjka
- 1$\frac{1}{4}$ šalice granuliranog šećera

## Upute
a) Zagrijte pećnicu na 350 stupnjeva. Okrugli kalup za tortu od 10 inča obložite papirom za pečenje, maslacem i brašnom.

b) U zdjeli za miješanje umutite žumanjke i šećer dok ne postanu blijedožuti. Dodajte narančinu koricu i vaniliju, mutite dok ne postane svijetlo i pjenasto i ostavite sa strane.

c) U maloj zdjeli pomiješajte 1 šalicu brazilskih oraha s brašnom i ostavite sa strane. Preostale orahe ostavite za ukras.

d) U drugoj posudi istucite bjelanjke dok ne postanu pjenasti. Pospite sol i nastavite tući dok se ne formiraju mekani vrhovi. Naizmjenično umiješajte smjesu oraha i brašna te tučenu smjesu žumanjaka dok se ne sjedini. Ulijte u pripremljenu tepsiju.

e) Pecite 25 do 30 minuta, ili dok lagano ne porumene. Stavite na rešetku da se ohladi, oko 10 minuta. Priječite nožem po rubu da olabavite i preokrenite na pladanj. Uklonite pergament i ostavite da se potpuno ohladi.

f) U međuvremenu zagrijte pećnicu na 300 stupnjeva. Stavite kolač na pleh obložen papirom za pečenje.
g) Radeći nad zdjelom kako biste skupili sok, ogulite grejpfrut i naranču i zarežite ih između opni kako biste uklonili dijelove. Uklonite sjemenke. Rasporedite dijelove preko torte. Izlijte sok kroz cjediljku i pokapajte kolač.
h) U posudi za miješanje umutite bjelanjke dok se ne zapjene. Postupno dodajte šećer, muteći dok se ne formiraju čvrsti vrhovi, oko 10 minuta. Nježno umiješajte 1 rezerviranu šalicu mljevenih brazilskih oraha.
i) Ravnomjerno rasporedite meringu po kolaču i pecite pola sata. Ohladite na rešetki i poslužite.

## 82. Alzaški kolač od sira

Prinos: 10 porcija

**Sastojak**
- 4 šalice brašna za kolače
- $\frac{5}{8}$ šalice šećera
- $2\frac{1}{2}$ štapića slatkog maslaca
- 1 cijelo jaje
- 16 unci Fromage blanc ILI seoskog sira ILI sira Ricotta
- $\frac{3}{4}$ šalice gustog vrhnja
- 4 velika jaja, odvojena
- crtica Svježi sok od limuna
- prstohvat svježih sjemenki mahune vanilije ILI
- 2 kapi do 3 kapi ekstrakta vanilije
- 2 žlice Kirsch
- $\frac{3}{4}$ šalice do 1 šalice šećera
- $\frac{1}{2}$ žličice mljevenog cimeta
- 1 žličica ekstrakta vanilije
- Naribana korica 1/2 limuna

**Upute**

a) TIJESTO: Dobro izmiješajte sve sastojke, bez pretjeranog tijesta. Ostavite tijesto da odstoji 30 minuta prije upotrebe.

b) Zagrijte pećnicu na 375F. Razvaljajte tijesto na pobrašnjenoj površini i tijestom obložite dno i stranice kalupa za torte/pite od 9 do 10 inča.

c) Istucite fromage blanc i vrhnje zajedno u zdjeli; dodajte žumanjke, šećer, cimet, vaniliju, kirsch i limunovu koricu. Temeljito miješajte dok ne postane vrlo glatko. Bjelanjke istucite u čvrsti snijeg i lagano umiješajte u smjesu. Ulijte tijesto u kalup obložen tijestom.

d) Pecite 40 do 45 minuta, ili dok malo ne napuhne i jako smeđe. Tortu potpuno ohladite, a zatim nekoliko sati prije rezanja.

# 83. Amaretto torte od sira

Prinos: 24 porcije

## Sastojak
- ⅓šalice sitno samljevenih sjemenki suncokreta ili badema
- 8 unci krem sira
- 1 jaje
- ⅓šalice nezaslađenog naribanog kokosa
- 2 žlice meda
- 2 žlice amaretto likera

## Upute
a) Posude dva kalupa za muffine obložite papirnatim podlošcima (svaki tucet). Pomiješajte suncokretove sjemenke i kokos. Stavite 1 čajnu žličicu ove mješavine u svaku oblogu. Pritisnite stražnjom stranom žlice da pokrijete dno.
b) Zagrijte pećnicu na 325F.
c) Da biste napravili nadjev, izrežite krem sir na 8 blokova i pomiješajte s jajetom, medom i amarettom u procesoru hrane, blenderu ili zdjeli za miješanje dok ne postane glatko i kremasto.
d) U svaku čašicu za tartlete stavite žlicu nadjeva i pecite 15 minuta

## 84. Belgijski kolač od sira

Prinos: 8 porcija

**Sastojak**
- Prhko tijesto
- ½ funte krem sira
- 3 žlice slastičarskog šećera
- 1 žličica soka od limuna
- 2 jaja; velika
- ⅔ šalice gustog vrhnja

**Upute**
a) Zagrijte pećnicu na 350 stupnjeva F. U velikoj zdjeli za miješanje pomiješajte sir, šećer i limunov sok dok smjesa ne postane svijetla i pahuljasta. Dodajte jaja, jedno po jedno dobro tučeći nakon svakog dodavanja. Tucite dok ne bude vrlo glatko nakon zadnjeg dodavanja.
b) Umiješajte vrhnje i ulijte smjesu u pripremljenu koru. Premažite vrh tarta jajetom i 1 žlicom slastičarskog šećera koji ste zajedno umutili.
c) Pecite 25 minuta ili dok se ne stegne. Ohladite na sobnoj temperaturi, a zatim ohladite prije posluživanja.

# 85. Torta od paprike i sira

Prinos: 6 porcija

**Sastojak**
- 1½ šalice višenamjenskog brašna
- 1 žličica šećera
- ¼ žličice soli
- ½ šalice (1 štapić) ohlađenog neslanog maslaca, narezanog na komadiće
- 4 žlice (otprilike) ledene vode
- 10 šparoga, obrezanih, narezanih na komade od 1 inča
- 3 žlice maslinovog ulja
- 2 crvene paprike, narezane na trakice veličine šibica
- 2 zelene paprike, narezane na trakice veličine šibica
- 2 manja poriluka narezati na trakice veličine šibica
- 1 šalica ribanog Gruyere sira (oko 4 oz.)
- 1 šalica ribanog mozzarella sira (oko 4 oz.)

**Upute**
a) ZA KORE: U sjeckalici pomiješajte 1½ C brašna, 1 t šećera i ¼ t soli. Dodajte maslac i režite uključivanjem/isključivanjem dok smjesa ne nalikuje grubom brašnu. Umiješajte dovoljno vode po žlicu dok se tijesto ne počne skupljati. Skupite tijesto u kuglu; spljoštiti u disk. Zamotajte u plastiku i stavite u hladnjak 1 sat.
b) Zagrijte pećnicu na 350'F. Podmažite kalup za tart promjera 9 inča s dnom koje se može ukloniti. Razvaljajte tijesto na lagano pobrašnjenoj radnoj površini na ⅛-inča debljine. Premjestite tijesto u pripremljeni kalup za kolače. Obrežite rubove.
c) Zamrznite 15 minuta. Koru obložiti folijom. Puniti suhim grahom. Pecite 15 minuta. Maknite foliju i grah.
d) Pecite dok rubovi ne porumene, oko 15 minuta.

e) ZA PUNJENJE: Zakuhajte veliki lonac vode. Dodajte šparoge i blanširajte 2 minute. Ocijediti. Prebacite u posudu s ledenom vodom i ohladite.
f) Ocijediti. Zagrijte ulje u teškoj velikoj tavi na jakoj vatri. Dodajte papriku i poriluk i pirjajte dok ne omekša, oko 10 minuta.
g) Premjestite u zdjelu. Umiješajte šparoge. (Može se pripremiti 4 sata unaprijed.
h) Pokrijte i pustite da stoji na sobnoj temperaturi.) Zagrijte pećnicu na 350'F. Gruyere umiješajte u povrće. Prebacite smjesu na koru. Pospite mozzarella sirom. Pecite tart dok se sir ne otopi, oko 10 minuta. Poslužite vruće.

## 86. Torta sa sirom za doručak

Prinos: 1 porcija

**Sastojak**
- Tijesto za pitu od 9 inča; Koristite osnovnu koru za pitu
- 8 unci švicarskog ili Jarlsberg sira; izrezati na komade
- 1 funta sira Ricotta
- 3 jaja
- 1 srednji luk; nasjeckan sitno
- 2 češnja češnjaka; pritisnut
- ½ žličice bijelog papra
- 2 zrele rajčice srednje veličine; oguljene i tanko narezane
- 1 žličica ekstra djevičanskog maslinovog ulja
- 1 žlica svježe nasjeckanog vlasca
- 1 žlica nasjeckanog peršina
- 1 žličica nasjeckanog svježeg timijana; (neobavezno)
- 1 žličica nasjeckanog svježeg bosiljka; (neobavezno)

**Upute**
a) Zagrijte pećnicu na 450 stupnjeva. Upotrijebite posudu za tart veličine 9 inča x 1 inča s dnom koje se može ukloniti. Dobro poprskajte sprejom za kuhanje ili obilno namastite.
b) Pritisnite tijesto da stane u posudu. Glatko obrežite oko 1 inč iza ruba posude, zatim preklopite preko ruba i skupite kako biste dobili atraktivan i čvrst nabrazdani rub. Obložite tavu aluminijskom folijom koju ste pošpricali sprejom za kuhanje s obje strane, a zatim stavite staklenu tepsiju od 8 ili 9 inča u foliju.
c) Okrenite sklop naopako na lim za kolačiće i pecite 9 minuta. Izvadite pleh iz pećnice, preokrenite i uklonite lim za pite i foliju.
d) Vratite u pećnicu i pecite još 5 minuta. Izvadite iz pećnice i ostavite sa strane. Smanjite temperaturu pećnice na 350 stupnjeva. U blenderu ili radnoj zdjeli procesora hrane pomiješajte Jarlsberg, ricottu, jaja, luk, češnjak i papar.

e) Miješajte dok ne bude glatka i dobro izmiješana. Ravnomjerno ulijte u pečenu školjku, stavite posudu na lim za kolačiće. Pecite 25 do 30 minuta dok se nadjev djelomično ne stegne. U međuvremenu ocijedite kriške rajčice na papirnatim ručnicima. Izvadite kolač iz pećnice.
f) Na vrh poredajte ploške rajčice oko ruba. Vratite u pećnicu i pecite 30 do 35 minuta, dok nož umetnut u sredinu ne izađe čist. Premažite rajčice maslinovim uljem, pospite svježim začinskim biljem. Neka odstoji 20 minuta. Uklonite stranice kalupa za tart pritiskom prema gore na odvojivo dno.
g) Stavite na okrugli pladanj, ukrasite svježim začinskim biljem i poslužite.

# 87. Kremasti tart od češnjaka i sira

Prinos: 8 porcija

## Sastojak
- 1 ohlađena kora za pitu
- 1 žličica (na vrh) brašna
- 2 pakiranja (3 oz) krem sira,
- Omekšao
- 1 paket (6 1/2oz) češnjaka i začina
- Kremasti sir za mazanje
- 2 žlice maslaca
- 3 jaja
- $\frac{1}{4}$ žličice majčine dušice
- $\frac{1}{4}$ žličice mljevene crvene paprike
- $\frac{1}{2}$ šalice mlijeka ili gustog vrhnja

## Upute
a) Zagrijte pećnicu na 375F.
b) Posudu za pitu obložiti korom; lagano posuti brašnom.
c) Istucite sireve i maslac dok ne postanu glatki. Dodajte jaja, majčinu dušicu i crvenu papriku; tucite dok ne postane svijetlo i kremasto. Tucite mlijeko dok se ne sjedini. Ulijte u koru za pitu.
d) Pecite u donjoj trećini pećnice oko 30 minuta dok ne postane svijetlo i napuhnuto, a nožem postane čisto. Ako prebrzo porumeni, pokrijte folijom tijekom zadnjih 10 minuta pečenja.
e) Stavite na rešetku i ohladite na sobnu temperaturu.

## 88. Tart od curryja i ajvara

Prinos: 24 porcije

**Sastojak**
- 2 pakiranja krem sira (svaki po 8 oz)
- 2 žličice curry praha
- 2 žlice šerija (po želji)
- 8 unci sira Cheddar; isjeckan
- 4 mladog luka; tanko narezan
- Staklenka ajvara od 9 unci

**Upute**

a) Stavite nezamotane pakete krem sira u staklenu mjeru od 2 litre.

b) Pecite u mikrovalnoj pećnici na srednjoj razini (50 posto) 2½ minute. Pomiješajte curry prah i sherry. Umiješajte Cheddar i ¾ luka; dobro promiješajte.

c) Žlicom stavite smjesu na tanjur za posluživanje u krug od 8 inča. Upotrijebite lopaticu za oblikovanje kolača, nadograđujući stranice dok udubljujete gornju površinu kako biste oblikovali "bunar".

d) Stavite ajvar u blender i izmiksajte u jednoličnu smjesu. Ulijte u "dobro" područje kolača od sira. Ohladite dok se ne stegne. Za posluživanje ukrasite vrh preostalim lukom.

## 89. francuski kolač od sira

Prinos: 12 porcija

**Sastojak**
- 2 šalice višenamjenskog brašna; neprosijano
- ¼ žličice soli
- ½ žličice praška za pecivo
- ⅔ šalice maslaca ili margarina
- ⅓ šalice granuliranog šećera
- 2 žumanjka
- 2 žlice gustog vrhnja
- ½ žličice naribane kore limuna
- 4 žlice maslaca ili margarina
- ⅔ šalice granuliranog šećera
- 2 šalice suhog svježeg sira
- 1 žumanjak
- ¼ šalice gustog vrhnja
- ⅓ šalice zlatnih grožđica
- ½ žličice naribane korice limuna
- 1 bjelanjak; malo pretučen
- Šećer u prahu

**Upute**

a) U veliku zdjelu prosijte brašno, sol i prašak za pecivo. S mješalicom za tijesto izrežite maslac dok smjesa ne postane nalik na grube mrvice.

b) Dodajte ⅓ šalice granuliranog šećera, 2 žumanjka, 2 žlice gustog vrhnja i ½ žličice limunove korice; vilicom miješajte dok se tijesto ne sjedini.

c) Istresti na lagano pobrašnjenoj površini; mijesite dok ne postane glatko, oko 2 minute.

d) Oblikujte loptu; zamotati u voštani papir. Stavite tijesto u hladnjak na 30 minuta. Napravite sir

**punjenje:**

e) U maloj zdjeli električnom miješalicom velikom brzinom, tucite maslac, granulirani šećer i svježi sir dok se dobro ne sjedine, oko 3 minute.
f) Dodajte žumanjke i vrhnje; dobro istucite. Umiješajte grožđice i koricu limuna. Zagrijte pećnicu na 350 F. Lagano namastite posudu za pečenje 13x9x2". Podijelite tijesto na pola.
g) Na lagano pobrašnjenoj površini razvaljajte jednu polovicu tijesta u pravokutnik 13x9". Stavite na dno pripremljene posude. Ulijte u nadjev, ravnomjerno rasporedite. Preostalo tijesto podijelite na pola. Jednu polovicu izrežite na 5 jednakih dijelova. Na dasci razvaljajte svaki komad u traku nalik olovci dugu 13 inča.
h) Rasporedite ove trake po dužini, $1\frac{1}{2}$ " jedna od druge na nadjevu. S preostalim tijestom napravite dovoljno traka da stanu dijagonalno, $1\frac{1}{2}$ inča jedna od druge, preko uzdužnih traka. Premažite trake tijesta bjelanjkom.
i) Pecite 40 minuta ili dok ne porumene. Neka odstoji 5 minuta.
j) Zatim pospite slastičarskim šećerom i izrežite na kvadrate od 3 cm. Poslužite toplo.

# 90. Torte od limuna i sira

Prinos: 1 porcija

## Sastojak
- ¼ šalice soka od limuna
- Naribana korica 1 1/2 limuna
- ½ šalice plus 1 žlica šećera
- 2 jaja; pretučen
- ¼ šalice maslaca ili margarina -Ljuske od krem sira---
- ½ šalice maslaca ili margarina; omekšao
- 3 unce pakiranja krem sira; omekšao
- 1 šalica višenamjenskog brašna
- Šlag (po želji)

## Upute
a) Pomiješajte limunov sok, koricu i šećer na vrhu kuhala za kuhanje; umiješajte jaja i maslac.
b) Kuhajte iznad kipuće vode uz stalno miješanje dok se ne zgusne. (nadjev će se još zgusnuti kada se ohladi.) žlicom stavljajte nadjev u školjke od krem sira; po želji ukrasite šlagom. Prinos: oko 2 tuceta.
c) Ljuske od krem sira: Pomiješajte maslac i krem sir, miksajući dok ne postane glatko; dodajte brašno, dobro promiješajte. Ohladite 1 sat.
d) Oblikujte tijesto u kuglice od 1 inča; svaki stavite u dobro namašćenu minijaturnu posudu za muffine, oblikujući školjku. Pecite na 350 stupnjeva 25 minuta. Ostavite da se ohladi prije punjenja.

# 91. Papaya-krem sir tart s makadamijom

Prinos: 8 porcija

**Sastojak**
- 2 šalice brašna
- 6 unci Vrlo hladne neslane kockice maslaca
- ¼ žličice soli
- ½ žličice šećera
- ⅓ šalice hladne vode
- 12 unci krem sira
- 4 unce gustog vrhnja za šlag
- ½ šalice šećera u prahu
- ½ žličice ekstrakta vanilije
- 1 Vrlo zrela papaja, oguljena, narezana na 1/4" kriške
- ½ šalice glazure od breskve, otopljene
- ½ šalice makadamija oraha, prženih
- 8 unci gorke čokolade
- 8 unci poluslatke čokolade
- 2½ šalice gustog vrhnja
- 4 žlice tople vode

**Upute**

a) Pripremite koru za pitu - prosijte zajedno brašno, sol i šećer. Premažite kockice maslaca mješavinom brašna i vode i mijesite dok ne postane podatno, ali ne homogeno.

b) Ostavite komadiće običnog maslaca, inače tijesto postaje previše elastično. Lagano razvaljajte tijesto na debljinu od ¼ inča i položite na kalup za kolače. Odrežite rubove i izbodite dno tijesta vilicom. Pecite u pećnici na 350 stupnjeva F oko deset minuta ili dok ljuska kolača malo ne porumeni. Ohladite se.

c) Pripremite nadjev od krem sira-- Tucite vrhnje za šlag dok ne postane mekano. U mikseru tucite krem sir dok ne postane pjenast. Umiješajte šlag, šećer u prahu i ekstrakt vanilije.

d) Staviti na stranu.
e) Napunite koru za tart smjesom od krem sira.
f) Rasporedite kriške papaje u obliku kotačića preko vrha krem sira. Stavite makadamija orahe u sredinu torte. Kistom za tijesto premažite vrh tarta glazurom od breskve. Stavite u hladnjak na pola sata prije posluživanja.
g) Pripremite čokoladni umak-- Zagrijte gorku čokoladu, poluslatku čokoladu, vrhnje i toplu vodu u loncu, često miješajući, dok umak ne postane glatke konzistencije.
h) Za posluživanje-- Narežite tart na 8 komada. Nakapajte čokoladni umak na tanjur i stavite po jedan komad tarta na svaki tanjur.

## 92. Tart od ricotte sira i špinata

Prinos: 6 porcija

**Sastojak**

- 400 grama Waitrose Strong glatkog brašna; (14oz)
- 1 prstohvat soli
- 1 pakiranje Waitrose svježeg bosiljka i majčine dušice; nasjeckana
- 3 žlice maslinovog ulja
- 3 jaja, istučena
- 250 g ricotta sira u posudi
- Pakiranje od 500 g smrznutog cijelog lista špinata
- Svježe naribani muškatni oraščić
- 2 jaja
- 50 grama jezgri bora; tostirano (1 3/4 oz.)
- 1 limun; polet od
- 100 grama ribanog parmezana; (3 1/2 oz.)
- Sol i svježe mljeveni crni papar
- Mlijeko za glazuru

**Upute**
a) Prosijte brašno u zdjelu i dodajte sol i začinsko bilje. Napravite udubinu u sredini. Dodajte ulje pa postepeno dodajte jaja. Miješajte dok ne postane glatko, po potrebi dodajte malo vode.
b) Mijesite 10 minuta, zatim zamotajte u prozirnu foliju i stavite u hladnjak na 30 minuta.
c) Pomiješajte sve sastojke za punjenje.
d) Na pobrašnjenoj površini razvaljajte dvije trećine tjestenine i njome obložite kvadratni lim od 23 cm (9 inča).
e) Žlicom stavljajte nadjev u tjesteninu i poravnajte da prekrije podlogu.
f) Razvaljajte preostalu tjesteninu i prekrijte vrh.
g) Pokvasite i zalijepite rubove s malo vode. Odrežite višak tjestenine i premažite s malo mlijeka, probodite i stavite u središte prethodno zagrijane pećnice na 200°C, 400°F, plinska oznaka 6, 25-30 minuta dok ne porumene na vrhu.

## 93. Jugozapadni kolač od sira

Prinos: 8 porcija

## Sastojak
- 1 žlica ulja
- ½ šalice nasjeckane crvene paprike
- ½ šalice nasjeckanog luka
- 1 žlica mljevenog češnjaka
- 1 žlica mljevene jalapeno paprike
- 4 jaja
- 2 šalice gustog vrhnja
- 2 šalice jalapeno jack sira
- 1 šalica pečenih kukuruznih zrna; plus
- 1 ekstra pečena zrna kukuruza; za ukrašavanje
- 1 šalica kuhanog crnog graha; isprati
- ½ žličice mljevenog kima
- ¼ žličice čilija u prahu
- 1 sol; okusiti
- 1 svježe mljeveni bijeli papar; okusiti
- 1 prethodno pečena kora za tart od devet inča
- 1 porcija pico de gallo
- 1 nasjeckani cilantro; za ukrašavanje

## Upute
a) U tavi zagrijte ulje i kuhajte papriku, luk i češnjak dok ne omekšaju; ostaviti sa strane da se ohladi.
b) U velikoj zdjeli umutite jaja i vrhnje dok se ne sjedine; umiješajte pirjano povrće i preostale sastojke, začinite začinima, soli i paprom. Ulijte smjesu jaja u koru za kolač i pecite 30 minuta ili dok krema ne postane čvrsta na dodir.
c) Prije rezanja kratko ohladiti. Poslužite uz Pico De Gallo, posuto pečenim zrnjem kukuruza i nasjeckanim cilantrom.

## 94. Torta od egzotičnih gljiva

Prinos: 8 porcija

## Sastojak
- 2½ šalice brašna; plus
- 2 žlice brašna
- 2 žličice soli
- ½ žličice Cayennea
- 1 šalica svinjske masti
- 2 žlice ledene vode
- 2 žlice maslaca
- ½ šalice mljevenog luka
- Sol; okusiti
- Svježe mljeveni crni papar; okusiti
- 4 šalice narezanih egzotičnih gljiva
- 2 žličice nasjeckanog češnjaka
- 2 šalice gustog vrhnja
- 3 jaja
- 1 crtica umaka od ljutih papričica
- 1 crtica Worcestershire umaka
- 1 šalica ribanog bijelog cheddar sira
- 4 unce Parmigiano-Reggiano sira; obrijan
- 2 šalice mladica graška

## Upute
a) Pokapajte uljem od bijelog tartufa
b) U zdjeli za miješanje pomiješajte 2½ šalice brašna, 2 žličice soli i ¼ žličice kajenske paprike. Urežite mast miješalicom za tijesto dok smjesa ne podsjeća na grubo brašno.
c) Dodajte ledenu vodu i miješajte dok se tijesto ne odvoji od stijenki posude. Tijesto oblikujte u kuglu i prekrijte plastičnom folijom. Stavite u hladnjak i ohladite 1 sat.
d) Zagrijte pećnicu na 350 stupnjeva. Izvadite tijesto iz hladnjaka i ostavite da odstoji oko 5 minuta. Lagano pospite

radnu površinu preostalim brašnom. Razvaljajte tijesto u krug od 12 inča debljine oko $\frac{1}{4}$ inča.

e) Presavijte tijesto na četvrtine i stavite ga u kalup za tart od 10 inča. Preko tepsije provucite drveni valjak da odrežete višak tijesta.

f) Donji dio kore izbockajte po cijeloj vilicom. U srednjoj tavi, na srednjoj vatri, otopite maslac. Dodajte luk. Posolite i popaprite. Pirjajte 1 minutu. Dodajte gljive. Posolite i popaprite.

g) Nastavite pirjati 3 do 4 minute ili dok gljive ne uvenu.

h) Umiješajte češnjak i maknite s vatre. Potpuno ohladiti. U posudi za miješanje umutite vrhnje i jaja. Začinite s $\frac{3}{4}$ žličice soli, paprom, umakom od ljutih papričica i Worcestershire umakom.

i) Dobro promiješajte. Ulijte smjesu od gljiva u koru tijesta. Po gljivama pospite sir. Smjesu vrhnja prelijte preko sira.

j) Pecite dok se sredina ne stegne, a vrh ne porumeni, oko 55 minuta. Izvadite iz pećnice i ostavite da se ohladi 5 minuta prije rezanja za posluživanje. U zdjelu za miješanje pomiješajte izdanke graška s uljem od tartufa. Posolite i popaprite. Za posluživanje stavite krišku tarta u sredinu svakog tanjura.

k) Svaku ukrasite hrpom mladica graška.

## 95. Ljuskavi kolačići s gljivama

Prinos: 30 obroka

**Sastojak**
- 1 funta gljiva; svježe
- 1 srednji luk
- ½ šalice peršina; svježe
- ½ šalice bijelog vina
- crtica Umak od ljutih papričica
- 4 filo tijesta; odmrznuti
- 6 žlica maslaca; rastopljeni
- 4 unce Monterey jack sira; kockast

**Upute**
a) Zagrijte pećnicu na 400.
b) Nasjeckajte gljive, luk i peršin. U velikoj tavi pomiješajte gljive, luk, peršin, vino i umak od ljutih papričica. Pokriti. Kuhajte 5-7 minuta dok gljive ne omekšaju, povremeno miješajući. Otklopite i kuhajte dok tekućina ne ispari. Cool.
c) 1 list filo tijesta lagano premažite otopljenim maslacem. Stavite drugi list tijesta na prvi list. Premažite maslacem. Ponovite s preostalim tijestom i maslacem. Izrežite hrpu na kvadrate od 2 do ½ inča.
d) Nježno utisnite svaki dio u nepodmazan kalup za muffine. U svaku šalicu stavite oko 2 žličice mješavine gljiva. Svaki nadjenuti kockicom sira.
e) Pecite 15 - 18 minuta ili dok ne porumene. Poslužite toplo.

# 96. Tart od patlidžana i gljiva na žaru

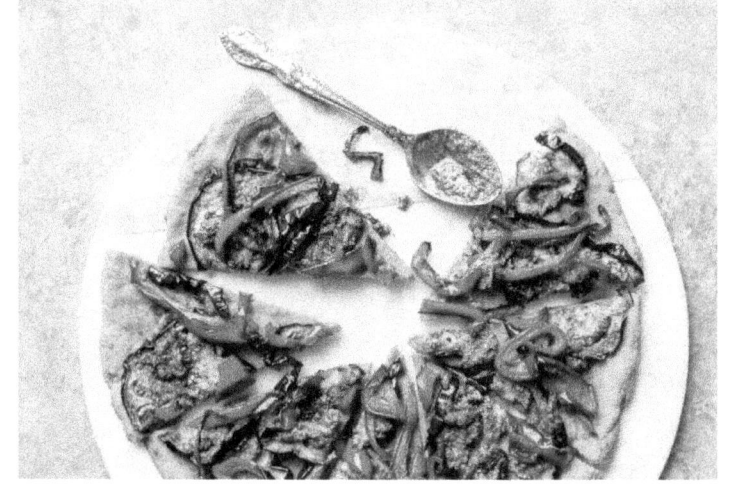

Prinos: 8 porcija

## Sastojak
- Sprej za kuhanje
- 1 veliki patlidžan; oguljene i narezane na 1/2" kriške
- 6 velikih krumpira; oguljene i narezane na 1/2" kriške
- 6 velikih gljiva Portabella; klobuke i peteljke odvojiti, klobuke ostaviti cijele, peteljke narezati
- Maslinovo ulje za četkanje
- 1 žlica maslinovog ulja; za krušne mrvice
- Sol i papar
- $\frac{1}{4}$ šalice peršina; nasjeckana
- $\frac{1}{4}$ šalice bosiljka; julienne
- $\frac{3}{4}$ šalice naribanog svježeg parmezana; ili Pecorino Romano
- 1 šalica svježih krušnih mrvica
- 1 žlica maslinovog ulja
- 1 mali luk; mljeveno
- 1 stabljika celera; mljeveno
- 4 velike rajčice; očišćen od sjemenki i krupno nasjeckan
- $\frac{1}{2}$ šalice naribane mrkve
- 1 žličica svježeg timijana; ili 1/2 žličice suhe majčine dušice
- 1 žličica svježeg soka od limuna
- 2 žličice svježeg peršina; nasjeckana

## Upute
a) Napravite Relish: Zagrijte ulje u loncu srednje veličine koji ne reaguje. Umiješajte luk i celer i pirjajte na srednjoj vatri 3 minute.
b) Umiješajte rajčice, mrkvu, majčinu dušicu te sol i papar po ukusu. Lagano pirjajte relish dok većina tekućine ne ispari. Maknite s vatre.
c) Neposredno prije posluživanja zagrijte okus. Maknite s vatre i umiješajte limunov sok i peršin.

d) Dobro poprskajte rešetku za roštilj sprejem za kuhanje. Prethodno zagrijte roštilj na srednje - jaku temperaturu. Patlidžan, krumpir i gljive dobro premažite maslinovim uljem i začinite s obje strane solju i paprom.
e) Kalup za tortu od 9 inča ili kalup za tart dobro poprskajte sprejom za kuhanje. Zagrijte tavu u pećnici ili na vrhu roštilja, ako je dovoljno velika. Držite vruću.
f) Sve povrće pecite na grilu s obje strane dok dobro ne porumeni i omekša. Klobuke gljiva narežite na tanke ploške. Napravite slojeve u tavi za pitu ili tart - patlidžan, krumpir, gljive, posipajući malo peršina, bosiljka i ribanog sira između svakog sloja povrća. Držite vruće.
g) U maloj tavi zagrijte 3 žlice maslinovog ulja na srednje jakoj vatri dok ne postane vruće. Dodajte krušne mrvice i pirjajte dok ne porumene.
h) Gornji tart s krušnim mrvicama. Poslužite odmah s malom kupkom rajčice ispod svakog kriška.

## 97. Torte s gljivama

Prinos: 4 porcije

**Sastojak**
- ¾ šalice mliječne pavlake
- 1 pakiranje (3 oz.) krem sira; omekšao
- ¼ šalice suhih krušnih mrvica
- 1 žlica osušene trave kopra
- ½ žličice soli
- 1 žlica soka od limuna
- 1 staklenka; (4,5 oz) Green Giant narezane gljive
- 1 češanj češnjaka; mljeveno
- ½ šalice maslaca ili margarina
- 8 Smrznuto; (18 x 14 inča) listova filo tijesta
- 1 staklenka (4,5 oz.) cijelih gljiva Green Giant;

**Upute**

a) Zagrijte pećnicu na 350 stupnjeva.
b) U maloj zdjeli pomiješajte kiselo vrhnje, krem sir, krušne mrvice, kopar, sol i limunov sok; dobro izmiješati. Umiješajte narezane gljive. Staviti na stranu.
c) Da biste napravili maslac od češnjaka, u maloj tavi na laganoj vatri kuhajte češnjak na maslacu dok ne omekša, neprestano miješajući. Premažite 16 kalupa za muffine maslacem od češnjaka. Staviti na stranu.
d) Premažite veliki lim za kolačiće maslacem od češnjaka. Odmotajte foliju; prekrijte plastičnom folijom ili ručnikom. Lagano premažite jedan list filo maslacem od češnjaka; stavite na maslacem premazan lim za kolačiće.
e) Drugi list filo lagano premažite maslacem od češnjaka; stavite na vrh prvog maslacem premazanog lima. Ponovite s preostalim filo listovima. Oštrim nožem izrežite sve slojeve filo listova da napravite 16 pravokutnika.
f) Lagano utisnite svaki pravokutnik u šalicu za muffine premazanu češnjakom. U svaku šalicu stavljajte punu žlicu smjese kiselog vrhnja. Na svaku stavite cijele gljive, gurajući stabljiku u nadjev. Prelijte preostalim maslacem od češnjaka.
g) Pecite na 350 stupnjeva 18-20 minuta ili dok ne porumeni.

## 98. Dimljeni tart od gljiva

Prinos: 8 porcija

**Sastojak**
- ⅓ tijesta od MASLACA
- 1 bjelanjak, lagano tučen
- 2 žlice maslaca
- 10 unci svježih gljiva (1 paket), narezanih na ploške
- 7 unci Shitake gljiva (1 paket), stabljike odbačene
- I gljive narezane
- 1 žlica nasjeckanog svježeg češnjaka
- 2 žličice osušenog origana, zdrobljenog
- ⅛ žličice mljevenog crnog papra
- ½ funte dimljenog sira mozzarella, tanko narezanog
- 2 žlice naribanog sira asiago ili parmezana
- ⅓ šalice komadića oraha
- 1 žlica nasjeckanog plosnatog (talijanskog) peršina

**Upute**

a) Zagrijte pećnicu na 400 F. Na lagano pobrašnjenoj površini razvaljajte tijesto u krug od 14 inča. Prebacite u kalup za tart od 11 inča s dnom koje se može ukloniti.
b) Obrežite rubove; izbodite dno zupcima vilice. Obložite koru tijesta folijom i utezima za tijesto, suhim grahom ili sirovom rižom. Pecite 15 minuta.
c) Uklonite foliju i utege. Pecite 5 do 6 minuta duže ili samo dok tijesto ne počne poprimati zlatnu boju. Premažite bjelanjkom; pecite još 1 minutu.
d) Potpuno ohladite na rešetki. U velikoj tavi otopite maslac na srednje niskoj temperaturi. Dodajte gljive, češnjak, origano i papar. Pirjajte dok gljive ne postanu zlatne i dok tekućina ne ispari, oko 8 minuta; ohladiti na sobnu temperaturu.
e) Pokrijte dno kore kolača mozzarellom, izrežite kriške da popunite razmake. Prelijte mješavinom gljiva pa pospite asiagom i orasima.
f) Pecite 20 minuta. Ohladite 5 minuta na rešetki prije uklanjanja vanjskog prstena. Poslužite toplo.

# 99. Trostruki tart od gljiva

Prinos: 10 porcija

## Sastojak
- 1 Nepečena ohlađena kora za pitu
- 1 šalica nasjeckanih svježih shiitake gljiva
- 1 šalica narezanih svježih bijelih ili smeđih gljiva
- 1 šalica nasjeckanih svježih gljiva bukovača
- ¼ žličice sušenog mažurana
- 2 žlice maslaca
- ¾ šalice nasjeckanog Gruyere sira
- ¾ šalice nasjeckanog švicarskog sira
- ½ šalice nasjeckane kanadske slanine
- 2 jaja, malo tučena
- ½ šalice mlijeka
- 1 žlica nasjeckanog svježeg vlasca
- Kanadska slanina, tanko izrezana
- Klinovi, izborno

## Upute
a) Utisnite tijesto u kalup za torte od 9 inča s dnom koje se može ukloniti. Izbodite; ravnomjerno obrežite s vrhom. Obložite dvostrukim slojem folije; pecite na 450F. 8 minuta. Uklonite foliju, nastavite peći 4-5 minuta dok se ne stegne i osuši.

b) Zagrijte pećnicu na 375F. Kuhajte gljive dok ne omekšaju na maslacu, 4-5 minuta, dok tekućina ne ispari. Maknite s vatre.

c) Pomiješajte Gruyere, švicarske sireve i kanadsku slaninu. Dodajte gljive, mlijeko, jaja i vlasac. Ulijte u koru za tart. Pecite oko 20 minuta dok se ne stegne i ne porumeni.

d) Ohladite u tavi na rešetki 10-1-5 minuta. Ukloniti. Izrežite na kriške i ukrasite kriškama kanadske slanine.

## 100. Tart od šumskih gljiva i kozjeg sira

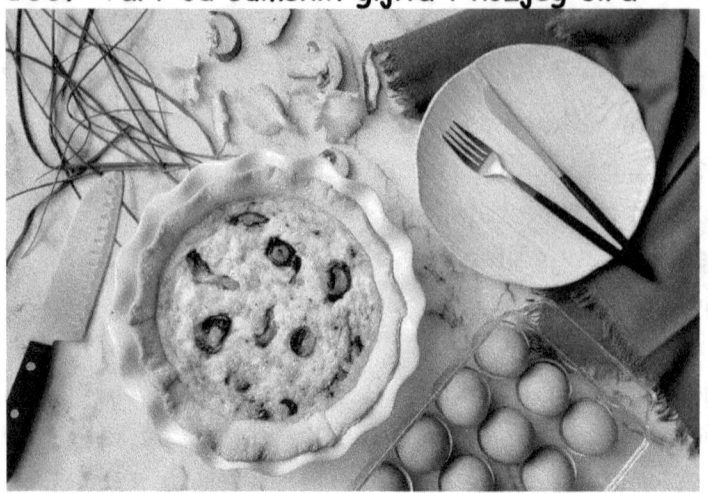

Prinos: 2 porcije

**Sastojak**
- 375 grama gotovog lisnatog tijesta
- 1 jaje; pretučen
- 50 grama maslaca
- 250 grama Miješanih gljiva
- 2 velika češnja češnjaka
- 1 manja vezica ravnog lista peršina
- 1 žlica balzamičnog octa
- 150 grama kremastog kozjeg sira
- 2 žlice maslinovog ulja
- 100 grama cherry rajčice
- 1 limun
- 1 mala vezica bosiljka
- 100 grama listova mladog špinata

**Upute**
a) Zagrijte pećnicu na 220c/425f/plin 7.
b) Stavite tijesto na lagano pobrašnjenu površinu, izrežite dva pravokutnika veličine 12x15cm/5"x6" i stavite na lim za pečenje koji se ne lijepi.
c) Premažite razmućeno jaje i vrhom oštrog noža označite obrub od 1 cm/14" unutar svake torte.
d) Središnji pravokutnik posvuda izbockajte vilicom i pecite u pećnici osam minuta dok dobro ne naraste i ne porumeni.
e) Zagrijte veliku tavu s maslacem. Šampinjone grubo narežite na komade veličine zalogaja. Češnjak sitno narežite i dodajte gljivama. Pržite 3-4 minute dok ne bude kuhano i zlatno.
f) Peršin nasjeckajte na sitno, dodajte pola s balzamičnim octom i kuhajte minutu. Začinite solju i paprom, te rezervirajte. U manju zdjelu stavite kozji sir, dodajte preostali peršin i dobro promiješajte. Začinite paprom.

g) Izvadite tijesto iz pećnice. Pažljivo zarežite unutarnji pravokutnik tijesta i pomoću kriške ribe spljoštite središnji dio tijesta.
h) Vratite posudu s tijestom u pećnicu na još 4-5 minuta dok se ne ispeče i ne porumeni.
i) Za salatu: Zagrijte maslinovo ulje u maloj tavi. Cherry rajčice prerežite na pola i dodajte u tavu s limunovom koricom i malo iscijeđenog soka. Dobro izmiješajte i začinite solju i paprom.
j) Stavite špinat u zdjelu srednje veličine i prelijte toplim preljevom.
k) Izvadite kolače iz pećnice, žlicom dodajte kozji sir i na vrh stavite tople gljive. Prebacite na tanjur i poslužite uz salatu.

# 101. Tart od šumskih gljiva i pecorina

Prinos: 1 porcija

## Sastojak
- 3 žlice maslinovog ulja
- 2 šake miješanih šumskih gljiva
- 1 veliki češanj češnjaka; sitno nasjeckan
- ¼ limuna; polet od
- 2 žlice ravnog peršina; krupno nasjeckan
- 2 lista lisnatog tijesta
- Debljina 2 šibice
- 75 grama mladog pecorino sira; tanko narezan

## Upute
a) Zagrijte pećnicu na 200C.
b) U tavi zagrijte maslinovo ulje, dodajte šampinjone, začinite ih i naglo pirjajte dok ne pokuhaju.
c) Umiješajte češnjak, koricu limuna i peršin. Maknite s vatre i ostavite sa strane.
d) Nauljiti lim za pečenje. Na to staviti dva lista tijesta. Gljive poslažite u sloju na sredinu svakog lista. Prebacite u pećnicu i pecite 20-25 minuta, ili dok ne porumene.
e) Izvadite iz pećnice i nadjenite Pecorino te vratite u pećnicu na 3-4 minute. Izvadite i poslužite odmah.

## ZAKLJUČAK

Uživanje u kupovnim kolačima jedno je od jednostavnih životnih zadovoljstava, ali pomisao na to da sami pokušate ispeći kolač može se činiti kao zastrašujući zadatak, pogotovo ako ste samo pokušavali raditi kolačiće i kolače.
Ako želite pokušati napraviti kolače, ali ne znate odakle početi, ova će vas knjiga provesti kroz vrste kolača i recepte koji će vam trebati za početak.

www.ingramcontent.com/pod-product-compliance
Lightning Source LLC
Chambersburg PA
CBHW070650120526
44590CB00013BA/905